勿使前辈之遗珍失于我手
勿使国术之精神止于我身

拳道薪传

八极心法

——传统八极拳，现代研修法

徐纪 著

北京科学技术出版社

图书在版编目（CIP）数据

八极心法：传统八极拳，现代研修法 / 徐纪著 . —北京：
北京科学技术出版社，2020.6（2024.8 重印）
（拳道薪传丛书）
ISBN 978-7-5714-0835-0

Ⅰ . ①八… Ⅱ . ①徐… Ⅲ . ①八极拳—基本知识 Ⅳ . ① G852.19

中国版本图书馆 CIP 数据核字（2020）第 039466 号

策划编辑：胡志华
责任编辑：胡志华
责任校对：贾　荣
责任印制：张　良
封面设计：志　远
版式设计：胡志华
出 版 人：曾庆宇
出版发行：北京科学技术出版社
社　　址：北京西直门南大街 16 号
邮政编码：100035
电　　话：0086-10-66135495（总编室）　0086-10-66113227（发行部）
网　　址：www.bkydw.cn
印　　刷：保定市中画美凯印刷有限公司
开　　本：710mm×1000mm　1/16
字　　数：147 千字
印　　张：11.75
插　　页：4
版　　次：2020 年 6 月第 1 版
印　　次：2024 年 8 月第 4 次印刷
ISBN 978-7-5714-0835-0
定　　价：99.00 元

序

　　八极拳，是知名的传统武术门类，也同大多数的传统武术一样，不知道始于何时、何地、何人。

　　另外，八极门与许多武术门派不约而同，充满着各色各样的传说与神话！

　　何至于此？

　　因为文武殊途、重文轻武、武者不文，致使武术那真实的、能使后人不断进步的人与事，没有得以记录。

　　徒留下乡野奇谈、江湖传说以及由朴刀公案的说书民俗所衍生的章回小说与武侠小说，演绎出不会武术、舞文弄墨、以消遣娱乐为本质的动人故事与人物。它们摇身一变，成了历史！更有甚者，许多门派乃至同一门中之支系，各逞其说，炮制出了多少伪造的人物与事迹，以自夸饰；也同时，掩遮住其本人本系武术之空疏。

明清以还，南北各支八极拳家所共同接受的、将八极拳传入近代的人物，乃是庆云本贯的吴钟先师。他西向传艺，集成大宗的则是沧州。尤其是沧南各县市村镇，名人高手，代有传承，以其特色与造诣，切实地树立起了八极拳的地位与名望。

近十年来，沧州八极拳同门团结奋发，先后与庆云配合，筹建了吴钟纪念墓园，在罗疃竖立了七贤碑群，在王南良成立了李书文纪念碑，并与台湾的"武坛"配合，在南皮辟建了刘云樵老师的碑林。除主碑外，更复林立了世界各地的分坛所竖的功德碑。

二〇一八年，庆云与沧州密切合作，在山东省德州市的体育场馆，举办了全国八极同门的大活动：朝祖、谒灵、表演、比赛……全国八极同门"地无分东南西北，人无分男女老幼"，五千余人，共聚一堂，庆云更提出了"八极小镇"的创举，在全县六十多所小学的体育课中传授八极拳！

二〇一九年，庆云县传统宫殿式的八极拳博物馆，隆重开幕。重要的不是它中国传统式的场馆，不是它外围的流水、回廊，不是它的垂杨与宫灯……而是此为门派如林的中国武术中的第一座单一拳种博物馆！其精神在和乐、同一、互尊、交融，为"天下武林是一家"的口号立下了一道里程碑！

时代，大大不同了。古老的武术，必须进步。

今年，又逢庚子，武术当然退出了战场，中外皆然。

西方的武术，走上了竞技娱乐的市场。而中国传统的武术，内"运"外"动"，必将转杀伐征战而为身心健康、祛病强身之新方向。

为达此目的，各门各派，包括八极拳，就必须一变古老陈旧的习惯，改互相竞争为集体合作。以现代化、科学化、学术化之手段，使武术由信息状态迈向学术状态。

　　不揣浅陋，贸然将一己之所爱习的八极拳法，以一己的身体操作与心中的感悟，笔之为书。

　　一方面，是作为自己继续努力的标记；另一方面，极其恳切殷盼的，则更是门中贤达诸先进不吝指正与教导。

二〇二〇年一月二十五日，庚子春节

徐纪抱拳于止戈武塾

目　录

实战技击

武术概论

中国武术的昨日、今日与明日 *

关于今天的题目，说起来非常庞大，其实并不难。

我先解释一下，昨日、今日、明日，当然就是过去、现在跟未来。关于昨日，是既成的事实，也就没有太多要讲的。武术的明日究竟往哪儿走？其实我不知道！

那么我们聚在一起，用大约两个小时来探讨的，我们大家都心爱的武术的内容，主要是今日的现况。坦白跟各位讲，有一些问题、困难，而这些，是我们今天的焦点。

首先要知道的是，武术它是什么。非常简单，武术就是搏斗的技术。

---

* 本文为台湾武坛国术推广中心主办的传统武术系列讲座讲稿，由许闳傅整理，曾作删改。

世界各国家、各民族，莫不有它自己的"武术"，因为它是生存的必备。但是它的发展过程，在中国实在是跟全世界其他地方不一样。我不能否认它的基本特质是搏斗的技术，没有人可以否认。但是，我觉得中国武术发展到后来，跟世界上其他的"武术"根本不是同一件事情。原因有好几点，我们来看看。

中国幅员辽阔，不同地区的山川、饮食、生活习惯，差别很大。除了汉族之外，少数民族有五十多个。

这些不同的人，在不同的地方，处于不同的气候、不同的饮食等不同的背景条件之下，生发出许多不同种类的武术。

有的人讲南北两派，我最反对。有人讲长江流域、黄河流域、珠江流域，那么你知道长江流域包含几个省吗？江苏、浙江、江西、安徽、湖南、湖北、四川等十几个省，任何一个都比台湾省大，十几个省的武术发展得各有特色。

如果有人说东西南北派，我很赞成。东有江浙，西有四川，还有甘肃，还有青海。要不要再多一点？东南西北中，我都很同意。如果只有南北两派，不够说明真实的情况。

此外，还有一个重要的原因，武术千百年来在华夏大地上跟许多领域不断地交流，比如中医和道教。

武术跟医理是融在一起的，你没有办法切分。当然各有各的领域，武术是武术，中医是中医。而武术中有些东西，是从中医那边交流而慢慢演化发展出来的。

还有，早期的道教、后来的佛教，都是讲修行的，都有其修炼的方法，部分也跟武术融合在一起。所以中国武术的来源与成分，是非常丰富的。

武术有许多功能，它可以防身，可以强身，可以修身。它是自卫、自疗、自省的一种修行之道。武术是什么？我个人很粗浅的见解，到这里为止。

接下来讲武术将来的情形，也就是明日，其实我不知道——讲完了！

今日武术的情况，在我看来则是非常不良的。

今天武术在做什么东西呢？大都是在强调它强身、自疗的功能。这是绝对高尚、极其重要的转化。因为，救人总比杀人强。但是，我觉得很遗憾的一点，就是武术并没有充分发挥疗效。

为什么呢？因为今天所谓的武术，变形走样得非常厉害。你说原来这东西对人有好处，是真的。但是，可惜呀，它们已经不是原来的样子了，它改变了，改变得非常厉害，有的甚至于改到相反的方向去了。那你认为它还能够有强身、自疗的效果吗？当然就要打折扣，或者是根本没效果，甚至还可能有副作用。

我从小就很喜欢看武侠小说，羡慕里面的大侠、小侠、女侠、老侠与怪侠！而如果父母、长辈带我去看戏呢，哎哟！我哪有办法听那咿咿呀呀的唱腔啊！我最喜欢看的是武戏，常常问："今天有没有打的？"有打的，我就抓着大人，希望他们带我去。如果说："今天不是打的。"我就兴致不高了。

所以，从前的小说、戏曲，今天的影视、电玩，都是把武术衍化了的，是用不完全正确的形象来传达的，很少有对的。为什么？那些都是浪漫主义的。它有个最大的特征，就是正因为那是人类不可能做到的，所以我写给你看、演给你看，你才过瘾。

举个例子，在武侠小说、戏曲中的男主角，除了武功盖世之外，一定至少有三个女人喜欢他：一个是全世界最漂亮的，一个是全世界最有钱的，一个是全世界武功最高的。

事实上，所有的女侠，不可能有一个漂亮的。当得成女侠的姑娘一定比男人还壮。不像你看到的武侠电影里的，都这么漂亮，一个人打十八个男生，打完了头发都没有乱！

真实世界之中是没有小侠，也没有老侠的。你看那神气得不得了的小侠，好像很有本事，其实，你一脚就可以把他踢飞了！

另外，还有不少令人神往的事情：最好找到一本武林秘籍，看完之后，就可以力敌万人。最好在山郊迷路，嗯……闻到奇怪的香味……走到那边去，咦？一枚异果！吃完之后，登时孔武有力！

又或者找到一位大剑仙，他有一套神剑，一百零八招。可是他藏一招不教我，只教了我一百零七招。

他叫我下山，我当然不肯回家去啊！我跪在那边求……非要把最后那招学到手。

其实，练武完全不是这样的。武术界有句话说："武艺教全盘。"如果全套是一百零八招，绝对教完你一百零八招。如果一套神拳是九九八十一招，绝对教你九九八十一招，不会少的。

下句请听好："点寸不轻传"——"点寸"就是要领，要领不肯教给你。于是，一代一代下来，终于，好些东西都不见了。

小说里头写得非常漂亮，对不对？小说里写：某某老师的掌法怎么好、某某老师的枪法怎么好，我学了他这个之后，就可以为父报仇啦，行侠仗义啦，保卫国家啦，什么都可以了。

什么叫绝招？根据小说、戏曲里面所讲，我们就去找绝招。他要是不给我，我就去求。他要多少钱，我回家卖房子、卖地也要跟他学。

其实绝招全部都是最普通的招式。所谓绝招就是：我们人把招用绝了——这叫绝招。

我们都知道李书文李老先生。李老先生跟人打拳用的"猛虎硬爬山"，是人人都会的，不过是两拳一肘而已。拳先打进去，接近的时候就用肘。可是，能不能打得进去，就看你有没有真功夫了。

　　李书文老先生人称"神枪"，他的大枪秘诀是什么？他的秘诀就是一个"砑枪直进"。讲完了。而这，才真的叫绝招。

　　武侠小说看起来过瘾，为什么过瘾？因为现实中做不到！小说再改为戏曲，后来又变成电影，还有电视剧。现在呢？现在的电玩更是不得了！所以这都是浪漫主义的东西，而大家以为在里面学得到真功夫——怎么可能？

　　下边我们要讲情操。基督教讲一句话："只要信，不要疑。"它是宗教。而武术是什么？武术是科学，而且是绝对科学。怎么讲？它是决生死的。生死是绝对的事情。所以今天你想来学武术，就要有一个科学的心态。如果你怀的是宗教情操，则一个向东，一个向西；一个朝北，一个往南，是完全相反的。

　　宗教不是坏事情，不要误会。但宗教不是武术。今天练武术的很多人以宗教的心态来练功夫。他不敢怀疑，绝对相信。于是所有的练拳、舞剑，不过是一整套崇拜仪式：烧香、合掌、跪……一叩首、再叩首、三叩首……兴……起来了，再跪、再拜、再磕头……然后当然是三跪……

　　你打一套拳，从头到尾就是按这个程序。你照着办就行了，千万不要去研究。研究什么啊？这是"宗教"嘛！

　　还有一个影响非常大的传统。因为武术是个危险的东西，如果我教了不好的孩子，他有可能去作奸犯科、扰乱社会治安。古时候，如果他起兵造反，那么师父全家会被株连！师父怎么可以不留心？怎么可以胡乱教？所以对于学生，要考验。直至今日，还有许多武术，除了锻炼体格，还做心性的检测。

　　比如教你蹲马步，老师故意走开，又喝茶，又抽烟，还跟邻居聊起来了……他就是为了看你听不听话。

　　老师也要有收入，也要养家糊口，要吃饭，不得不多收一些学生。于是他教的时候，就这么泛泛地教，一般性地教。虽然它里头有好的东西在，但是他不教给你。如果要教，会说："嗯，家里有点事，你晚上来一趟！"挑了一个来、挑了两个来，他再跟你讲。

有的时候，在上课的场子中，有一个实在不行、功力不到，或者老师讨厌他，或者是他的行为还有待考验，就叫一下："嗯，张三，茶叶没有了，你去衡阳路，你知道老师喝的茶是哪一家吧？去，给我买半斤！"这孩子走了以后，这边才真的上课。

所以，武术的教学有一个保密的传统。我不得不承认它是一个传统，但是，坦白讲，这是一个很不好的传统。像这样愈来愈保守，传下来的东西就愈来愈少。

再讲一个事情。你知道吗？老师一天天衰老，学生一天天强壮，技术也逐渐在提高。到后来，老师一定打不过年轻力壮武艺高的学生。只有武侠小说才会告诉你，那个老妖越来越厉害。而事实上，绝无此事。

于是，武术老师有些东西不教你，比如步法。步法不是踢腿之术，而是上步退步的接敌方法。"教拳不教步，教步打师父。"

传统有好的，当然也有不好的。好的要发扬光大，不好的一定要戒除。正因为这些不良传统，今天武术已经失真离谱，而且非常严重。

在武术的修行上，我自己的定位是：从前是小学徒，现在是老学徒。勉强再多一点，我愿意做一个研究员，不太及格的研究员。我也蛮想做个推广者，但是推广是社会运动，我不太会和人家应对来往——如何去争取经费？如何去举办活动？我就不太行了。所以，在武术界，我的地位恰如其分，非常渺小；但我仍然在做一些事，我仍然在努力，没有放弃。

我大概做着几个东西，介绍一下：第一个，我很想做的是建立中国武术的 DNA，DNA 不需要解释了——基因。基因决定你是不是中国人。今天，许许多多中国人练中国武术的时候，跟外国人没有两样。

练中国武术，就一定要练中国的武术。你说，这个是废话，还要你讲吗？可是你知道吗，十之八九的人练的都不是真正的中国武术。为什么有那么可怕的谬误？这都是 DNA 的原因。

武术练的是什么？武术练的是骨节，不是肌肉。我在国外遇到很多学生——特别是年轻男性——长得又好，肌肉又漂亮。然而，学习中国武术，他们是最难的。因为，一举一动，他都用肌肉来操作——而武术偏偏不是这样的。

中国武术用的是骨节，肌肉是跟着来的。外国人的活动方法，是用肌肉去做伸缩，骨头在里头跟着动。这同中国武术的运作方式刚好完全相反。

中国练武的有一句话叫作"玉树挂锦衣"。"玉树"，说得漂亮，其实就是你的那个骷髅，一副白骨，就叫"玉树"。"锦衣"是什么？锦绣的衣裳啊，用它来比喻我们的筋肉，挂在那个"树"上。讲得倒是很漂亮，很好听，可是，它在讲什么？它告诉我们的就是：练骨节，不要练肌肉。

再有，练武术不是要练气，而是要练意。我常跟人家讲，如果一个老师要你练气，只有两种可能，没有第三个。第一，是那个老师不会；第二，是那个老师不喜欢你。再说一次，武术练的是意，不是气。

你看我吸一口气进来，我主导它，下到丹田，肚子鼓鼓的——赶快替我叫救护车，因为我的肺叶已经漏了，破底了！

气怎么可能到丹田呢？能到丹田的是意！所以它是练意，而不是练气。

丹田，是道家炼金丹时用的名词。修道的人炼丹田这个事，因为我不懂，我不能讲。武术不是炼丹田，武术注重的是命门。但是，老师不会告诉你。而这其实是极重要的入门功夫。入了门之后，你才有可能在正路上慢慢修、慢慢练。这么紧要的东西，真不知道为什么不能传授出来。

我第二个想做的事，用简单的英文字母来表达一下：ABC，也就是编写循序渐进的阶梯教材。

比如说，你到朋友家吃饭，遇到朋友的小孩："哟，好久不见了。""妹妹几岁了？""唉呀，上小学了呀！"她妈妈告诉你："课业之外，还弹钢琴。""哦，不错嘛，还学钢琴。"你就会问："妹妹，《拜厄》弹到第几本了？"她告诉你："老师才刚教我弹第八本。"你立刻就大概知道她的程度怎么样了。

武术能吗？常常有人告诉我，他爸他妈打太极拳，打了十好几年了。可是，打得如何？功力怎样呢？

阶梯教材的观念、各级学堂的制度，是在清末民初，日本先学西方，我们再跟日本学来的。各级教材的编写方法，也都是外来的新东西。

我们中国是文化的原生地，是田，是生产中心。拔一棵白菜起来，它有虫子；拔一根萝卜起来，都是泥。因为是文化的原生国，是原地土产，所以不像现在超级市场的货架上陈列的是清洗分类过的阶梯教材。

我们练武的人不知就里，练起来就不知深浅。我跟一个老师练，我对老师很恭敬，老师也很喜欢我。结果，学了个 A 我就走了，而我以为学到的是由 A 而 B 直到 C 的全部内容。

过去很多人这样，一直到今天，这样的事情还在发生。你的程度其实只有 A，老师教你到了 A，就因为某种原因——升学啦、就业啦、离开家乡啦，甚至于到了外国——而不曾再学下去。可是呢，你把这个当作全部。用你这个非常粗浅的 A，来解释某门某派武术之全部内容，这好得了吗？这是一种。

还有一种，不知道用什么方法，得到一个很好的练法。但，这是你能练的吗？你才小学程度，而拿到的是大学教材。那么，教材虽好，对你有帮助吗？

所以说，中国武术没有阶梯教材，是不可以的，是行不通的！

如今已是二十一世纪，可我们还在讲"中央国术馆"怎么棒。这些前辈先师当然好，可是我们自己呢？我们至今没有一个阶梯教材的观念。虽然喜欢练武，但不知道所练的东西有什么发展性，最后到哪里去。

如果说我家生了一个婴儿，我很爱我的孩子，我一定要叫他将来读博士，这个是对的。我还要去筹学费，这个也是对的。可是我说："因为我的小孩非念博士不可，所以，不要念小学！"有这样爱小孩的吗？当然是一步一步来的呀，一定要有个循序渐进的过程。

这份武术教材公开化与阶梯式的伟大工作，正等着你赶快来做。

英文常常把中国的"套路"，叫作"set"，三个字母。如果是四个字母，他们就用"form"。我的粗浅见解是这样：武术流传到今天，大多只专门练套路。为什么呢？不能教，教了怕出事。套路里有好东西，可是，你找到了吗？

中国有一句话，"入宝山而不空手回"。古人把很多东西藏在套路里。他不明讲，他暗藏。他留下来给我们后人，后人要有那个意愿努力去扒、去挖，还要有挖的本事。

我有个小小的武术班，叫作止戈武塾。我从前得罪过很多止戈武塾的同学。他一套拳从起式学起，学到收式了。我说："好呀，可以啦，行啦。你现在赶快开始吧，你现在是从零开始。"没有一个人高

八极拳"马式冲捶",为某日课后所摄。1996年,自美搬迁回台后,先在台北"中正纪念堂"之隙地开办止戈武塾。数年后,迁至台北中山纪念馆之回廊上课(摄影:李美云)

此两幅照片为八极拳"马式双栽捶"、八极拳"弸撩掌"。台北中山纪念馆回廊环绕、宽阔平坦,有许多民众团体在此练武术,习气功、体操、舞蹈……后纪念馆来访人数太多,在己而言,不便练武,在客而言,亦实妨碍参观,于是撤离、他迁(摄影:李美云)

兴，没有一个人对我笑。因为他觉得，学完了，我每个动作都正确，你说我是零分？

现在我进步了，学生一套拳从头学到尾，我说："好呀，好棒哟，一百分！"我连看都不看你就这样讲。都学完了，你放心了嘛！我也说你一百分了，你该好好找内容了吧？

套路是一套动作，管它是二十个、四十个，还是九九八十一个。套路是什么呢？就是一个套餐：先来个汤，再来个沙拉；然后是牛排，是龙虾；后面还有甜点，还有咖啡。套餐里头的每一道菜，就是一个招式。从第一招，到九九八十一招。

你把这个套路练完了，然后怎么办？你很喜欢武术，就一直练，越练越熟。这是可以做到的，大人、小孩、男人、女人都可以做到。但是，你不会越练越好。

为什么？你的 DNA 错了，你的 ABC 没有。没有东西支持你往上去。现在的小青年，你知道吗，他最恨我的就是要他练基本功（常称之为"基功"）。他最喜欢的呢？就是练套路。比如我去开一个新班，如果这个班开得成，希望学生不要跑掉，我就光教套路，绝对不去教基本功。

我们刚刚说"套路教全盘"，对不对？然后呢？"点寸不轻传"。

那么套路要怎么练才行呢？其实，它是有次序的。

第一，达到这个次序。第二，打散这个次序，自己重新去排列组合。不敢做？不敢做就到此为止。第三则是招式拆解。套路中的每一招，不许做完，从中途就变别的，变什么都好。

经过这样的训练，你对这套拳里面的内容、要求，才有可能吸收、了解。然后，更进一步的修为是，你照这个原理，打"你的拳"、"你自己的拳"，不许有一个原来的招式出现。

今天的人练武，成了练套路、记招式。我打个比方给你听，我是学中文的，我也爱好中文。从前背过很多书，而背书就好像记套路。

现在，我就来给你背一篇韩愈的，你说"我不喜欢韩愈的文章"，那我就背柳宗元的。你说"那么苏东坡好不好"，我也会。你不喜欢文章，我给你背诗；你不喜欢李白的风流潇洒，我给你背杜甫，结结实实；唐诗你不喜欢听，我背宋词。我可以背"床前明月光"的四句，二十个字；我还可以背"杨家有女初长成"的《长恨歌》……

然而，我根本不会作诗，也从来没有写过一篇文章。那么，你认为我是文学家吗？如果不是，那么为什么只记古人的套路，而自己从来没意见、不消化，一辈子也没打过你本人的一招一式，却敢自认为是武术家呢？

接下来说到武术的用。你看过打擂台吗？爱看吗？如果你的答案是肯定的，那我要向你致敬！我从小就看，看前辈打，看名家打，但看不下去。

我在美国很倒霉，常被邀请去做贵宾。位置就在擂台边，就是最好的位置。我如果不打领带，至少要穿唐装。坐在那边，规规矩矩，拍拍巴掌，伸伸大拇指，那真的是……有时候是朋友的学生，打赢打输，跑到擂台边，还跟我来个抱拳为礼！他们身体强壮，能挨撞击；心性凶狠，喜欢跟人干架。

但是他们的 DNA 不对，也没有经过 ABC 的阶梯式训练，他们练套路就是背书，比如《古文观止》《唐诗三百首》。上台能打，还得金牌，当然很厉害。只是，那跟中国武术没有什么关系，那是新发明的"中西合璧"的一种武打竞技法。

看过武术节目吗？起先大家来打，打出许多问题，然后同门同派打。你看过吗？你喜欢看吗？

这些节目的收视率很高。很多人一面看，一面骂！我还没讲完，一面骂，一面看！那种成绩、金牌，跟中国武术有什么关系？

武术是个古老的东西，它一定要现代化。但是，绝不等于西方化。中国人自己要有出息，经过我们自己的努力，把祖宗留给我们的东西，变成现代的武术，而不是找便宜、图方便，把那种西方地板体操放到中国的武术套路里面。

学中国武术容易吗？非常不容易！有时候我会跟学生说一句非常坏的话：你要"重新做人"。"重新做人"是什么？是犯了罪被关了，关到刑满出狱，那么以后要规规矩矩，那叫"重新做人"。

练武术真的需要"重新做人"。因为中国武术的举手投足、一举一动，没有属于人生自然、日常生活的。如果用我们人的自然动作去做武术，就结束了，这个学习武术的活动就整个结束了。武术所有的动作，都要重新学习，进而养成习惯，慢慢成为你的第二自然状态。

我们人的动作，不过是习惯。双手万能，伟大的双手创造了我们今天的文明。人的习惯都是先用手，中国人特别会用。你会用筷子吧？那么复杂的动作都会，你的手真了不起。

可是，武术不先动手。如果招式一动，你手就来了，那么你的武术前途也就结束了。

不讲太复杂的，我们来讲三关——手、肘、肩。武术的动作是：先动肩膀，再动肘，最后才动手。

这个不是你的习惯，也不是我的习惯，这是"重新做人"后学来的。

我们人的感觉器官都长在身体的上面跟前面，你说对不对？眼睛、鼻子、嘴巴在前面；耳朵在左右两边；还有一个耳郭把它兜到前面来：所以我们人的注意力全都在前面。

但是武术刚好不同，武术的动作是从身体的后面开始而到前面来的。不学不练，怎能改变？

再比方，我们人可以坐在椅子上做很多事情：写字、打计算机、打麻将、看电影，都在椅子上，而下盘不需要动。可是武术的动作，却是要以腿脚来领先而发动的。

所有武术的动作，几乎都是由下而上、从后到前的操作程序。这不是人的自然动作，这是武术锻炼出来的——妈妈没有生给我，上帝没有赐给我。你要学武术吗？你就非得这样做。

前面谈的套路破解，是把你从套路带到用法上头去。中国武术的打法跟任何外国的都不一样。中国武术讲究攻就是防，防就是攻。不像外国格斗，攻与防是分开来的。中国人的攻防追求的是不分，也就是在你一个防御动作之中，不但要破解他的来势，更要能变成一个攻击。

中国武术的战技，基本上有两个。一个是"漏"，漏洞的漏。有漏洞我们就去打人家，比较有代表性的拳派，譬如说螳螂拳，它讲漏，这是一种。另外一种个是讲"黏"的，举个例子，譬如说像太极拳，"手见手，没处走"，它一直跟着你，黏在你的手臂上面。

有一个概念是"门"，我们有三个门，第一要紧的就是要知道怎么"保门"。门保住了，就叫作"保三门"，而不是什么保"山"门，还有把它叫作护"山"拳的，很勇敢似的。

格斗的初步技巧，首先就是三个门要保住。

三个门有左中右，有上中下，有近中远。一定要把它们看好。不是像现在，上台打擂，还摆架式——大鹏展翅、狮子张嘴，那可就是大开门啦！

其次，你要知道怎么去"叫门"。有人在家吗？人家门没开，你总不能直撞上去，头都碰肿了，对不对？要有叫门的技巧，知道怎么叫、怎么哄，目的是把"门"骗开。如果叫不开，就要知道怎么"破门"。连"门"的观念都没有，怎么上台去打？

最后，我再说四件事情，是什么呢？一个是"点"，一个是"线"，一个是"面"，一个是"体"。全世界都打"点"，中国武术也打"点"，一漏就打，就是打"点"。但这不是全部。中国武术经常使用的是一条线，什么叫"线"？它不急着把拳头打到你身上，打一下不会死，它要吃就吃全部。所以武术一定要晓得怎么去用"线"。

"线"还不够，它就用"面"。什么叫"面"？武术不是有靠吗，请问你靠得死人吗？有没有谁这么厉害，用靠就打死人？没有，那是叫门的一种方法，也就是"面"——身体全面地使用。

我讲一句话，对不对请大家指教："中国武术打第二下。"它不像别的，专打第一下，这个不中，再来一下……不论出了多少拳，总归是 1＋1＋1＋1＋1＋…中国武术打第二下、第三下……它有布局。

什么叫"体"呢？就是根本夺位。我站在这里，他一靠一挤一撞，非要把我弄到那边去，由他占据我原来的位置，这就是"体"，整体作战，也就是全夺其体的叫门之法。

如果你不能做到"点""线""面""体"的攻击规划，而一天到晚打"点"，你也许打得很好，我佩服你，但那不是中国武术。

我们常常看到中国武术中，有一些不太厉害的动作，比如螳螂拳常用崩捶，打中人最多眼泪流下来，鼻子被打得好酸……但是，小心我第二下！前面那个是哄诱，只是叫门，下面来的，才真厉害。又如两肩相挤，两人缠斗，做了个靠，靠不死人，但他底下续发的动作才真叫恐怖。

中国武术在实战时有设计、有组织、有层次、有布局。如果这些训练通通都没有，只是身体很壮，来学散打，那就是武术尚未充分发达时的样貌。武术是慢慢发展的，是牺牲了千千万万人之后产生的，是血肉结晶的产物啊！

说到武术的技术，我们一定要先去传承，一定要学到古人留下的好东西。学到之后，则一定要把它现代化。我们现在的生活状态跟古人差太多了。不要讲太远，五十年前，我年轻学武的时候，我所见到的社会，就跟今天差太多了。所以一定要把它做一个现代化的整理，使武术易知易学。

现在来说一说长拳门。长拳就是中国拳，但却非常被人看不起。因为，长拳最容易花拳绣腿。其实，长拳的东西最完整。八极拳好厉害哦，八极拳只是长拳之一体。劈挂掌了不起，劈挂掌也只是长拳中一个部分的发挥。

我常跟人家讲，长拳是水。喝茶，要有水；喝咖啡，也要有水；我们回家炖老母鸡，要水；今天不太舒服，吃中药，要水……长拳就是水，你喝茶、喝咖啡无不需要它。

拳脚套路永远学不完，还有兵器。我常常看到有些小朋友，在学校社团里头，好喜欢练兵器。练刀、练剑、练棍、练枪，通通都来。你知道为什么？小孩要玩具，兵器多好玩哪！他兴趣真的蛮高的。

我个人的看法是，诱导一下可以，体验各种兵器之后，一定要让他专精：你专门练剑，他专门练枪。

全世界各民族都有刀，中国武术的刀有很多种，最流行的是柳叶刀。大家练刀时都拿把柳叶刀，因为它刀形最漂亮，用现在的话说，叫作流线型，好看，美术性够，大家都愿意拿。

刀穗很多是红的，也有红的跟绿的，还有青、白、红三种颜色的。越来越漂亮，也是好的。可是，刀法呢？没有！柳叶刀是中国武术发展出的最后一把刀，技术最难，勇于使用柳叶刀的人也最少。

前面讲到应用，再讲一句，人人都想要天下无敌，但是武术如要应用，是有条件的。

第一个，你有那个个性吗？我看很多人性情好得不得了，打他三下，他也不会还手。第二个，要有体力。第三个，格斗的能力来自经验，一定要打出来，不是嘴巴讲出来，更不是从套路中练出来的，就像游泳要下水。你要打吗？就要同对手这样那样地苦练。

还要问的是：中国武术有没有上你的身？你有没有从套路中吃够了营养，把套路中的招式转化成你自己的？这些，都是应用中国武术的必备条件。

武术没有假的，因为它是硬碰硬。武术是绝对的，它是决生死的。不是这次做不好，下次再做，再实验，再买材料。武术没有第二次机会，只此一次。

不过，说了半天，我很清楚，如果只有一个人，也做不出什么东西来。但是，我很想开个头。我就是站在路边的指路牌："由此前进。"太阳晒，雨也淋，风又吹，就是一个指路的牌子而已。

好比我们去登山。我知道我做不到了，但我希望指出来的是正确的方向。由此前进！我走不动了，那么谁上去？就是你。这些重要的、现代化的东西，我只能提出来，开个头，你一定要走下去。但是，你以为你会有完美的成就，只怕不可能。有成就的，应该是你的学生。武术如果真的能够现代化，少说也要三代人的努力。

我做一点东西出来，就是准备让你批评、让你推翻的。当然你会比我好，然而还不完善。于是，你教导出来的学生，还要比你好。

对不起，今天在这里都是讲"坏"话。昨日、今日、明日；没有今日，哪有明日？过去不多谈，过去的已经是历史了。它有多么好，就让它好；它有多么差，也已经差了。它好，我们本钱多一点；它不行，我们多辛苦一点。武术真有远大的前途吗？我在这边也没办法给你答案，答案要从实际的工作中来。而且，你自己努力绝对不够，一定要教学生，才能够永不弛懈地继续追求。

最后，还是谢谢大家的光临、支持！希望各位继续支持，一同耕耘传统武术现代化这一块既肥沃又荒芜的园地。

谢谢，谢谢大家！

透视武术的套路

您听过这样的话吧："咱们这套拳，一百〇八招。他们练的只有一百招，不全！"或是："本门一共有拳路十趟，副拳十趟。他才会几趟？功夫怎么会好？一定是冒牌的！"

本是好武的同道，却常有因此而争吵、忌恨的，甚至于弄得门派或是学校之间反目成仇，纷争不断。

其实，用套路的多寡来鉴别门派的真伪，是不可靠的；以动作的数目来较量套路的高低，也是不合理的。因为，武术的精华不在套路里面，而是在于：功法——锻炼自己，技击——应付他人。

习练套路，不过是功法的推算与技击的演习。其中有功法，套路便能助人进步；其中有技击，套路也才具有意义。

编串套路、传授套路，是教学的一种手段。学生练成了，得到的是锻炼的功法与防身的技击，不是套路。

习武有成之后，若仍记得所习的套路，用以接引新人、传播武术，当然是既现成又美好的事情。如果不记得旧习的套路，或是不满足于原来的套路，就予以修订，或另编新套路的，也是所在多有，理所当然。

有时，更因特定的对象与教学的需要，必须配合以专用的、特殊的套路。哪能呆板不变，强迫以人殉拳？

由于套路在武术中的地位与功能如此，今日流传下来的套路，极少有结构谨严如古典诗词、艺术品的，反而大多是山歌、野讴，风格漫无拘检。因为体制松散，加工容易，于是面目就多，变易乃大。

我们学了一门一家的套路，奉为经典，是不知天下之大的井蛙之见。我们坚守一家一门的练法，不做开放的访求与比较，是自弃于进步求精的"牺牲短打"。

套路不但是可以练来不一的，而且是应该视训练的需要、表现的需要与风格的需要，而不可以千人一面的。更何况还有极大数量的套路，是从前的教师为了谋生而随意编串以延长教学年月的不得已，其中尽多山重水复的动作，却无柳暗花明的启发呵！

用武术改造自己

学游泳一定要下水，练武也一定要自己练，亲身投入，用全身去感受、理解和体悟。练武让我凡事亲力亲为，不怕吃苦，包括做学问、待人处事都是如此。

中国武术不只锻炼体格，也锻炼心性，有所为，有所不为：有所为，让你成功有出息；有所不为，让你有品格、有操守。

我特别喜欢乡下人做的兵器童玩，长枪、大刀、宝剑……百玩不厌。西洋玩具可以分享，宝刀、宝剑却不给别人玩，那是我的宝贝啊！

我从小体弱多病，上课会喘、会咳，还经常请病假，闽南语"破病婴仔"是我上小学时的第一个绰号。生病在家，除了打针吃药，还能做什么？动弹不得，一活动容易喘，我只能躺着看课外书。《封神榜》《水浒传》《西游记》《七侠五义》……

关公十八刀 "力劈华山"。大约三四岁时摄于故乡旧居——江苏省南通市。穿棉袍、棉靴、戴绒花帽。所练的关公十八刀，为父亲徐白习自河北省大名府之教门长拳中的名师杨吉堂老师父（摄影：徐白）

不只武侠小说、演义故事，就连爸爸书架上的文学名著，我都超龄阅读。

上了高中，父亲告诉我："徐纪，你去打拳，把身体练一练。"受父亲鼓励，我从高一开始启蒙练武。两腿蹲成骑马式，三分钟，五分钟，撑不住了，腿好酸，好累啊！身体虚弱、力不从心，这是练武的头号困难，怎么克服？

坚持。

从小对武术有浓厚兴趣，加上老师鼓励和指导，不顾双腿颤抖酸麻，我坚持蹲着骑马式，八分钟，十分钟，慢慢延长时间，锻炼体能。有努力就有成效。体格不壮，但是我练功兴致高昂。

高中练武后，没人知道我原来是病秧子了。练武改变了我，不仅身体强壮了，心性也得到锻炼，但当时我并不知道。

　　原来，中国武术要求：把过去所有习惯全部丢掉，重新建立武术习惯。过去习以为常的动作，这也不能做，那也不能做。有所为，才会有成效，例如要出拳、要踢腿。可是，有所不为一样重要！不为，就是把老习惯放掉，不做。只是积习难除啊，当一个人居然能把老习惯改掉，这个人就会有自制力，做人做事守得住分寸。

脱胎换骨百日功

　　我是在高中一年级的时候，开始有机缘学习中国武术的。学过长拳，很喜欢、很认真，也算是很用功。其后，又学过螳螂拳，也还算是蛮努力的。因此，当我有机缘见到精通八极拳、劈挂掌的刘云樵老师的时候，并不是一个门外汉，甚至于还自以为是蛮懂得一些中国武术的呢。我的师兄弟们，以及虽非同门却同样爱好武术的年轻朋友们，乃至于并不练武术的学校同学们，都认为我的武术水平算是不错的。

　　我就是在这样一个懵懂的情况之下，想要追随刘云樵老师学习八极拳、劈挂掌的。当时是想要多学、多能，扩大我的兴趣，提升我的技术。但是，说实话，我根本不知道我是谁！当我请求跟刘老师学习的时候，他并没有答应要真正收我为徒，而是开始考验我，跟我约定：三个月，只练习基本功。

我马上接受了，觉得这样挺不错。练了一阵子以后，他看看我，觉得我体格不是很强壮，但兴趣很高；过去会的其实也不少。于是他就劝说我，不妨也学几套八极拳、劈挂掌，多玩玩也挺好。我立刻断然拒绝。我觉得要学，就来真的。我要的，是学真正的八极拳、劈挂拳。

那么好吧，他认为我们那三个月的约定，可能时间不够，他说可能要四个月。我认为也不差那一个月，就应承了。练的时候，刘老师的要求是，从前学过的东西全部放下。他问我："如果三四个月不练从前那些拳术套路、刀枪剑棍、单练、对打，会不会就因此而忘记了？""不会。"我很有把握地说。年纪轻，记性还好，何况是经常练的东西。那么三四个月后就学八极拳、劈挂掌吗？

结果完全没有。刘老师只教我基本功，而其内容与要求，实在是枯燥乏味，堪称充满艰难挫折的苦刑！别忘了，我可还是过得去的练家子呢！如此这般，死撑到三个月时，他告诉我，我还算不错，也知道努力，算是可以了，入了门了——佛家所谓的"不二法门"！我听了当然也高兴，但是，大约是累坏了，有点迷迷糊糊的，并不是很清楚。反正老师说我还行，可以教我了，我当然觉得安慰。苦没有白吃，功没有白下，就行了，并没有理解到过去那三个月究竟做了些什么东西。这是很坦白的检讨。

我继续在刘云樵老师门下用功。因为觉得刘老师的八极拳、劈挂掌真是好，非常希望帮他来推广，于是介绍了跟我同辈的、爱好武术的朋友也跟他学，更扩大范围去接引更年轻的一辈，这其中有的完全没有学过武术。我虽然也参与一些教学的工作，但我一直都认为我自己以学习为主，教学只是附带的一个部分。而让我觉得更有责任的，其实是推广——要帮助刘老师把八极拳、劈挂掌推广出去。至于教学生呢，我一直认为应该是老师他自己来教，也像教我一样，现身说法，普度众生。

后来，国内、国外、个人、团体，我看得越来越多了。有好的，但也有许许多多是不好的。我自己亲身经历的困难是：教也不学，说也不听，但是他要练八极拳、劈挂掌！累积了很多这样的经验之后，也不知是何时，我终于才有了解悟：当我开始跟刘老师学的时候，他要求我只练基本功，把从前学的东西都放下，三个月也好，四个月也罢，也就是一百天左右的工夫，目的是什么呢？其实就是在要求我"重新做人"。

我们说一个人改过向善，叫重新做人。更明确一点讲，有人做了不好的事情，被关起来，服刑期满放出来了，我们希望他重新做人。这个成语用得也许好，也许不好。但是我亲身经历过，虽然老师并没有说得很明确。而我呢，那时我都已经从这个阶段出来了，我的认知仍然不是很清楚。一定要经历学跟教双方面，看到许多失败的实例，然后才知道它是如此重要的"一番寒彻骨"。但，为什么绝大多数人都失败，而少见成功呢？我再三地回味、咀嚼、反省、体会，有了一个解悟：那一百天左右的时光里，我就是在重新投胎、重新做人。这当然不是说从娘胎里再生出来一次，或是像基督教的受洗。我这一百天大大的"洗礼"，就是要把我的举手投足、打拳、踢腿，变成"中国式"的。也就是说，要先树立我学习中国武术的 DNA。

在我"重新投胎做人"的锤炼之中，动作不多。我现在的解悟是，它也不需要多——当然，有基本功，也就是 ABC。而 DNA 要从哪里体现出来呢？凭着什么来表现呢？当然是凭着那一举一动的基本功 ABC。它们之间的关系是这样的：DNA 是个性、特质，不同的 DNA 有不同的特质，根据这样不同的特质表现出来，就有不同的 ABC——基本功。

这就好比，你写出来的字母是 ABCDEFG……而用英文、法文、德文、西班牙文来念，这个 ABCDEFG……的发音，统统不一样。同样是武术，同样是功法，同样是打拳、踢腿，然而，怎么打、怎么踢，却各有不同。因此，在练习招式、套路之前，要做 ABC，也就是基本功。小处来讲，ABC 必须是该门该派的本色技法；大处来讲，更必须有中国武术 DNA 的特质，不是任何其他的现代运动，如地板体操的。

绝对不要以为"重新做人"有多困难，不要惊讶地先吓自己：什么？重新投胎？好像用一个不可能的要求来要求人，简直是不可能的任务。而脱胎换骨，那又是什么样的"手术"？恐怕比换心、换肝的外科手术还要难一点！其实不然。

第一，要知道应该换，必须重新做人。第二，要有办法，使得这个学习者能够换。这并不难，举例来说，小时候学芭蕾舞，一定学芭蕾的 ABC，但是，如果后来要学京剧，那么就要练京剧的基本功 ABC，以建立京剧的 DNA。

京剧有一套练功法，就是它的 ABC，这个 ABC 是凭着什么来建立的呢？并不是用芭蕾舞来建立的，而是用京剧来建立的。也就是说，它必须是京剧的 DNA，然后它才是京剧的 ABC。那么难吗？从芭蕾舞转到京剧是比较难的。如果另外一个小孩，从小没有学过芭蕾舞，一开始就学京剧的话，一定比较单纯，比较容易，不需要转换跑道。但是无论如何，要强调的是，只要有这个认知，有正确的指导，有心肯练，也并不太难。

我个人的经验是，刘云樵老师的要求，也不过就是一百天的工夫。练武是长时期的活动，动不动就有人说：我已经练了十几年、几十年了！几十年要是练对了，那是蛮可观的。几十年如果练得不对，练的不是中国武术的 DNA，不是中国武术的 ABC，那么他的损失其实也很可观。仍然回头来说，要是真正有明确的认知、追求的方向、正确的指导，一百天就够了。且不必说十几年、几十年，就说三年好了，三年跟百日，相差有多少？在十几年、几十年的锻炼之中，你还拿不出一百天来校正自己的动作、追求自己深爱的武术吗？

所以，只要下定决心，花一百天的努力，就有一个脱胎换骨的机会。这一百天，是真正能让你上路、入门——入了这个"不二法门"——建立起中国武术的 DNA 的。因此，今天武术界最急切需要的，乃是这样的认知和即刻的努力；不然，就晚了。

解码与加工

"你练不练套路？""练哪！"

"你教不教套路？""教啊！"

当然，接下来的问题便是：

"你自己练套路的时候，是采取什么态度的呢？"

"你教学生练套路时，有些什么重点呢？"

对这些问题我回电、回信、回传真、当面回答，外加上些 E-mail，答复得虽多，却不免零乱。再作深思，归结成两大方式，曰："解码"与"加工"。

套路在武术中占极大一个疆域，良莠不齐。从前，拳师为了衣食，编串的套路精当的少。现在，美其名曰"立标准"，究其实是树权威，也编串了竞赛用的"武术套路"，但离谱失格。

所以，面对套路之海，第一就要能选择，不

上当。

　　然后，掰开揉碎，细品慢嚼……好的套路中，应当还藏有功法与用法的训练，只是并不明确标示；又或是旧曾明标，今已淡忘。因而，探研起来，似"解密码"！

　　难？自然甚难，却也引得人兴味高涨。一旦得解，则动魄惊心——曾经的九九八十一难，也全值得了。

　　我个人的经验是，先在"解码"上努力求取成绩，以了解套路所应具备的内容及可期待的功效。以此为据，再检验、淘汰不可救药的、毫无意义的套路，找出有缺点、有遗失，却可资修补的套路来。

　　下一步，便是"加工"。

　　"加工"什么呢？首先是求基本训练上的效果。这必与该门派的基本功相结合，有等阶、具实效。

　　其次，是技击上的周全与变化发挥。

　　最后，则是门派风格的标树与精神淬炼的要求，一般这是在高级的套路中才可以出现、才可能期求的。

　　任何门派，如果有好套路，就一定不需要许多套路。歧"路"亡羊，可别叫它给"套"牢了哦！

为什么你家宝宝该练武

　　为什么你家的宝宝应该练习武术？答案可是多啦！堂皇正大，而且，你我全都知道：

　　"练武不叫外人欺负呀！"这是防身的功能，不错。

　　"练武可以锻炼身体嘛！""练武消耗消耗孩子们过剩的精力，省得出去闯祸！"这是强身的效果，也不错。

　　"练武在学习武德呢！""武德可重要哪，把咱们的四维、八德全包括进去啦！""练武学习武德，就是学习做人做事呀！对小孩儿的好处大啦，一辈子受用不尽！"这是修身方面的益处，完全不错。

　　奇怪的事实是，说得出堂堂正道的父母们，却并不送他们的宝宝去练武，大多数是送宝宝们去上各种才艺班：钢琴、芭蕾、美术、工艺，以及网球、体操……

这足可证明，说得出大道理的，不一定真看得见练武的好处。要真能看清楚了练武的好处，没有父母不赶着送他们的宝宝拜师学艺的。

那么，症结所在，仍然是练武的好处究竟何在。看似堂皇，实欠清爽。说得太大了，就难免空泛，美听而已，实际是不具启发性又欠缺说服力的。

在此，不作夸夸高论，而从武术的锻炼动作上来观察，看一看这些拳打脚踢究竟有些什么道理。

中国武术的训练，是先求诸己，然后远取诸物的。它不是设定目标，叫人去打去踢，而是收视返听，重新认识学习者自己身心双方面的优缺点：什么可以发挥？什么需要补足？除了利用优势之外，更要知道如何将弱势变为威力雄大的强势。

武术中所谓的拳头，并不是五指与巴掌捏起来，它至少要包括整条手臂；训练后，更期望达到所谓"全身是一拳"的境地。这么手足躯干整个投入的训练，便不允许学习者长大成人后，念书做事时，对所从事的任何工作敷衍了事，仅仅是动手动脚地去应付。

中国武术从基本功开始，就是前后兼顾，上下相随，而且随时随势，既变动不居，又照应完满的。易言之，中国武术乃是四度空间的武术。因之，初学者常在踢腿时，因手举得不好被纠正；也有打拳时，因头转得不正受责备。做动作时，悬在身后的手臂特别要紧。训练的是我们既能分散却又集中的注意力，是整体观照，是全面关怀能力的培育与领袖人格的逐渐塑成。

武术在应用时，出招永远不是或攻或防、目标明确、作用清楚的，它应当非黑非白，可以黑又可以白的。经常是出手简单，而变化却多。招式先虚后实，落点因敌方反应而定。不预设、不假想，发展出规制宏大、变化无穷的身心能量。

中国武术的训练，是真正内运外动，全体而协调的；又主张量力而为，因材施教。它的基本态度是寻求对学习者有益处的方法，而不是硬要求学习者达成一个既定的目标。

武术初始于内运外动，逐渐更推向身心合一的追求。在意念与肢体相衔接的常态运作之外，更尝试去发展不经意念却是全心全体的反应能量，从而获得快于、大于寻常运动所能产生的功能，是对人身潜能的一种新认知与再开发。

中国武术的应用，设定的假想敌一定是强过，或是多于自己动作的，以养成学习者处困顿而不馁、视奋战以为常的生活态度。

武术的训练，严格要求自动、自律及自我修正的能力。自律为万事之基。成功立业，无不以此为基石。青少年时代如不能养成自律的习惯，学业、事业、功业，将一事无成！

你家宝宝趁早练练武，可真是一本万利的好投资啊！

八极溯源

八极拳法述略

八极拳之名称

"八极拳"一名，不知始自何人。此拳初因握拳成把而不紧攥，状如乡间农具——耙子，遂名"耙子拳"。

明代戚继光《纪效新书》载："……古今拳家……与巴子拳棍，皆今之有名者……"

所述"巴子拳棍"，"巴子拳"即是"耙子拳"。而本门之八尺棍法，其活把穿梭与众不同，名"耙子棍"，即此谓之"巴子棍"。

其后当系门中擅文之士，有感于"耙子"之名太过粗俗，乃改称"八极"，较为文雅。推其时间，约在清初。

盖北方少入声，故"耙子"与"八极"之音近似。易其字而不改其音，加以拳术家十人有九不文，兹既不拗其口舌，又复不改其故音，则虽易其文字，彼亦不作计较。

因此，逮于清末，"八极"之名，渐已通行，除本门发源地——河北省庆云县（今属山东省）、沧县东南乡一带而外，鲜有人知"耙子拳"之土名矣。

至于为何择取"八极"二字，除音近之外，是否尚有特别意义，已因全无记录而难可知。勉强推究，可作三解，当初择字易名时之命意，或不出于此乎？

北方称武术曰"把式"，亦作"八式"。学武之人，便叫"八（把）式匠""练八（把）式的"。是故命名"八极"，即是勉励门中弟子努力用功，将本门"八"式练至"极"点之意。是为一解。

又因本门训练，讲求"头、肩、肘、手、尾、胯、膝、足"八字，亦即人体之八部位，以提醒学习者注意。因之，"八极"二字，亦可解作：时时提斯警惕，将此"八"个部位精求熟练，达到"极"点。是为二解。

汉代刘安《淮南子·地形训》："九州之外，乃有八寅……八寅之外，而有八纮……八纮之外，乃有八极。"是故，八极又系八方极远之地之称。而本门所练之劲，曰"十字劲"，亦即向四面"八方"尽量外撑、外发，期其达于"极"致，则又与八方极远之意不谋而合。是为三解。

八极拳之由来

八极拳术，不知始自何时。然依戚继光《纪效新书》，此拳既已"有名"，则推其时间，当不晚于明初。

自明而上，憾无可考。但此拳之风味，质实古朴；起始之时代，当非太晏；唯确切之期，不能妄度耳。

　　此拳发源于今山东省庆云县，发扬于河北省沧县东南乡，为离城七十华里一带之村镇。此一地带，俗名便叫"八极窝"。其实，除八极拳外，当地也是"劈挂掌"之老家——旧属沧州府，后划归盐山县之罗疃一带，练劈挂者尤盛。

　　沧县自古为武术极盛之地，因而有"镖不喊沧"之谚，意谓镖师到沧县，无人敢"喊镖"。而沧县武术，又以东南乡一带最强。寇盗强梁出没，民风剽悍尚武，俗称"雁过拔毛"的，便是此处。

　　惜此地风气保守，武术家门户谨严。虽有此等好拳术，却并不外传。外人艳羡，窥得一二，亦万难尽其全艺，就连沧县城里所练之八极，也已然相去不可以道里计。

八极拳之近况

　　清朝末年，在沧县东南乡一处极小之村落——张沙[①]，出现了八极门中不世高人——"神枪"李书文老先生。

　　李老先生，字同臣，本农家子，自幼从近邻孟村金家习练八极拳术。后又参研劈挂掌法，并将二门融而为一，使之相得益彰，因有"八极参劈挂，神鬼都害怕"之美谚。并且，除拳脚外，最精大枪之术，所向无敌，武术界尊之曰"神枪李"。

　　李老先生闯荡直（直隶，旧特指河北省）、鲁、豫及东北各省，一生未逢敌手。所传弟子有霍殿阁、霍殿魁兄弟，赵树德，李健吾（小名玉海或玉孩儿），柳虎臣，任国栋，许兰洲，张骧伍、那玉昆郎舅，窦世龙，徐志清，丁仲杰，刘云樵、刘序东叔侄等人，皆有誉于

_____

① 一说为"王南良"。

时；而今唯关门弟子、家师刘云樵先生在台，一人而已。

其中张骧伍先生曾任"中央国术馆"副馆长，而沧籍之马英图、赵树德、韩化臣三先生，更曾任教馆中。于是自第二期起，乃定八极拳为必修课。馆中学生，人人善此；而以二期毕业之李元智先生，最为精到。

李元智先生初则留馆任教，后又设帐"国立国术体育专科学校""陆军军官学校"等地，所至皆以八极拳术教导学生，对于八极拳之推广，实有贡献。

迁台以后，军中研编"战斗体育教材"，李先生参与其事，遂亦编入八极拳。

八极拳之特点

八极拳在沧县时代，虽传播未广，行于一隅，然已名满武林，为公认之名门拳技。

传至南京后，习者綦众；直至今日，更因刘云樵先生之倡导而有愈来愈盛之势。其所以能致如此，自亦有其理由；亦即谓，八极拳必然有其特性与优点。研练所得，条举凡八：

一是训练有程序。我国拳术，内容虽极高妙，然训练之方法多不科学，循序渐进、订有层次之拳种极少，而八极为难得几种之一。它以"小八极"奠其基，"大八极"肆其术，而"六大开"宏其技，"八大势"极其艺。再加以几种内外功夫，依次练来，时日愈久，趣味愈多，非唯引人入胜，几致欲罢不能。

二是发劲有方法。打拳不发劲，只是健身操，根本无武术之意义可言。然时至今日，许多拳种，其发劲方法已经亡失。即使苦练一世，也万万无法致用。而八极拳之发劲方法，不但仍然保有，而且方式简便。依法行来，极易获致功效。

三是实用为目的。八极拳质朴大方，绝不花哨。一手一式，目的唯在应敌。不讲究美观，而要求实效。

四是跺子为基础。拳术之根源在腿足，而腿足之训练极艰苦。来习拳之人，多有不堪其苦而废者；而更坏是躐等以进，自欺欺人，练成一身不能真受考验的无根之学，最是误人第一。八极拳将跺子、碾步等训练，融入套路之中。除非不练八极拳，要练必须先过此一关。受不得苦，只有自行退出，根本不予任何投机取巧、躐等逾分之机会。是以，八极拳便不容易冒牌，冒牌者一认便知。而且亦不可中辍，中辍了便难以再练。

五是简单而易学。八极拳除不花哨之外，招式极简单，学来不费事。只需用功练去，便可有成。其所注重，乃在练习时所下之功夫如何；绝不以繁巧复杂或玄虚莫测之表面，来为难、迷惑学习者。

六是变化而愈出。八极拳动作简单，却又万非拙陋。不但不是初级肤浅之技，反而是经过浓缩、提炼之最后结晶。所以，面目虽极单纯，含蕴却极丰富。熟练之后，变化无穷。随敌势而衍变，如镜之照形，无不一一现其真影，无穷无尽。

七是招式最捷近。八极拳以接敌致用为目的，是经长期对战提炼之结晶。是故，一招一式，不但施用于最致命之部位、最恰当之时机，而且是同类几十、几百种招式中最捷近之一种。所谓捷近，亦即最快速、最省事、最直接、最稳当，而又最有效果、最具变化之意，这足以说明八极拳招法之高妙、趣味之深厚。

八是技巧最完整。八极拳之训练，以数套拳架为程序；而每一套路又各有若干种不同目的、不同功效之训练法。至于其应用接敌，则无论自保、制人，上中下盘、长攻短战，皆算无遗策，用之不竭，绝无所偏，更无所缺。所以，其技巧完满充足，实可以满足学者欲望，解除学者困疑。不待外求，通过本门本有之系列训练，定可造就技艺高超之拳术人才。

八极拳之套路

八极拳之套路，以"小八极""大八极""六大开""八大势"为基本。兹分述之：

"小八极"，又称"小八极拳""八极架""八极架子"。传出沧县之后，亦有称之曰"老八极"、"旧八极"（拳）及"死八极"（拳）的。这是入门的第一套拳法，极为重要。讲究练得沉坠、稳重、匀称，以奠定基础。

"大八极"，又称"大八极拳""八极拳"。外传以后，又有称为"新八极"（拳）与"活八极"（拳）的。它是第二套拳法，拳式便捷，发劲猛脆，手法细腻，脚步灵活，除了加强"小八极"中已有的训练之外，更在已有的基础上做更进一步的训练。

"六大开"除为真正本门之一之外，颇多异传，所以，闻知其名者多，实际练习者少，但这是继"小八极""大八极"之后，极其紧要的功夫，所以特别列出本支的拳谱，供参考：

第一路：贴山靠　　　　　　第二路：掤

第三路：猛虎硬爬山　　　　第四路：揭掌

第五路：挑打顶肘　　　　　第六路：虎扑

"八大势"更是本支八极、套路训练之压卷。因为同"六大开"一样罕传，所以各家练法，很有出入。也条例其拳谱于下，请教高明：

第一路：冲捶　　　　　　　第二路：劈山掌

第三路：迎面掌　　　　　　第四路：圈捶

第五路：降龙　　　　　　　第六路：伏虎

第七路：探马献肘　　　　　第八路：虎抱

以上是本门所授拳套，每一套路子又因训练目的之不同而各有不同练法若干种。特别是"六大开"与"八大势"，不同的练法最多，意味最深长。

八极拳之劲道

八极拳劲之训练，亦有层次。大抵先习"沉坠劲"，再练"十字劲"，而终至"缠丝劲"。依序行来，逐步精进，为本门各种拳势发劲之基石。

所谓"沉坠劲"，不仅是练腿脚，乃是要将四肢百骸每一部位，皆练得一运劲时，便有沉、垂、下坠、稳固的屹立如山之势。图中黑影部分即示劲力沉坠之处（图"沉坠劲"）。

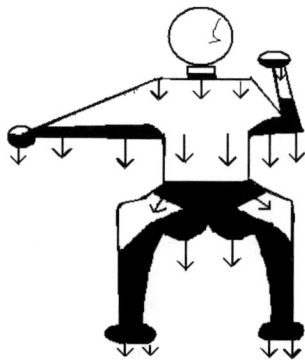

沉坠劲

所谓"十字劲"，简单来说，就是向上、下、左、右四方，做如同十字形的撑展的劲，就是要将"沉坠劲"中所凝聚的劲力，再向四面八方抽引弸张的意思（图"十字劲"）。

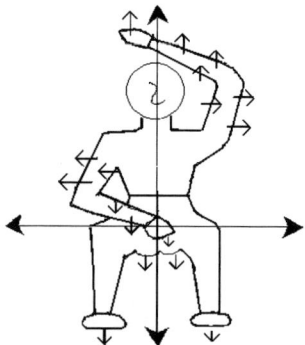

所谓"缠丝劲"，就是要将"十字劲"转绕回环、三盘牵引而出之劲道。其无往不复，流走周循；灵活、敏锐，可以随遇而出，应感而发。图绘一例，略示端倪（图"缠丝劲"）。

十字劲

此处所述为八极拳中最基本之劲道及其训练程序。至于在此基础之上所滋生的各种拳势之劲道，如弹、捅、砸、弸之类，概未涉及。

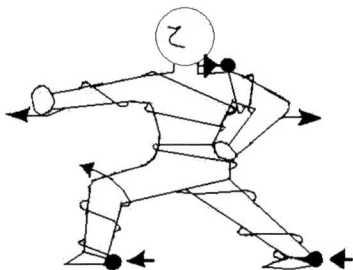

缠丝劲

八极拳之功法

八极功法表现于手足部位，最基本的为"熊步"（熊形）与"虎膀"（虎形）二功。其中熊步为八极门所独有，关系到劲道的训练，亦关系到应用的步法，而且它的练法很多，绝不是外间那种一摇一晃、半步半步向前走的玩意儿。

至于"虎膀"，则是上肢的训练，以拔出肩背之劲为目的。打通脊背，以畅功劲，是它的效用。但因为它训练的动作，在外观上是将左右二"臂"向前"捅"的，所以，也常书作"捅臂"。

八极气功，以"哼""哈"二气为基本。但在哼哈二气训练之前，又必须经过气沉丹田（蓄气、纳气）与气运周身（引气、行气）这两步基础功夫。第一先使你有气可用，第二更使你能在不同的部位运用。否则只是空谈，是练一世也练不出来功夫的。

等初步功成之后，再依身体不同之部位及不同使用之时机，而分为出鼻的"哼"与出口的"哈"两大类，来配合动作、发劲致用。当其鼓荡急切、激奋猛烈之时，亦每每引吭吐气，开声呵斥，不为奇也。

八极功法之中，必须以器械佐助的，为"贴山靠"与"打沙袋"二法。"贴山靠"外间每书之为"铁山靠"，以强调此功之坚强有如铁石。其实如真正循序渐进地练过此功，必了解由于初习之时，的确是平"贴"于墙（古人则以平滑之"山"壁用功）上用功挤"靠"的，所以，仍当以"贴山靠"为是。

至于打沙袋，几乎是各门各派所共有的一种训练方法，但也因各自的需要不同而练法每每有异。八极门中沙袋之锻炼方法极多，不易企及。而且沙袋的种类既多，使用的方式又各异。购置已非容易，摆设更费地方。尤其其中有些戴在身上的沙袋，由于没有沧县本地那种特殊的细沙（沧县风俗，将用火炒过的细沙装入口袋，将婴儿下身套在口袋中，不包尿布，随时换沙），实在难以制作，因而，时至今日，便每因物质条件之限制，而无法一一都置办起来充分锻炼了。

八极拳之应敌

八极应用对敌之基本姿势，一曰"三尖对"，一曰"猬缩式"。

所谓"三尖对"，就是鼻尖、手尖、足尖这"三"个"尖"要"对"准成一条直线。而且，要时刻保持此一准绳，永远以此尖端对准敌方。只要此式不被哄动、不被破解，则我永远安藏在此"三尖对"的护卫之中，绝不可能被人袭击；且可以随时袭人，长攻深入，而不必畏惧。八极拳之所以能身入虎口而安如泰山者，以此。

所谓"猬缩式"，乃是应敌之时，蜷曲了身子，求低、求小的一种方法。但它又不是害怕、躲藏的怯敌姿态，而是虽然蜷曲，却如同刺"猬"似的一"缩"身就竖起了全身的箭毫以戒备应战的"式"子。式子越低、越小，则可能被攻击的面积越小；而攻击来时，我手足顾应招架所需要移动的距离亦越短。尤其是得有机会发动攻人时，可以立刻发动，不必先做内收之准备动作，最是快捷、方便。

八极应敌，下面是"捆锁步"，上头用"封缠手"。

所谓"捆步"，是从外门侧进，以足捆堵敌势，使不得展。所谓"锁步"，则是由中门直进，以足锁扣敌势，使不能出。然后在这两种步法上衍生出种种其余的步法来。

至于"封手"，多用在主攻之时，封住敌人出手之门。而"缠手"，则多在敌人先发，已经攻来时，以此缠而出之。二法相辅相生，再从而变化出其他各种手法来。

八极拳应敌之时，除身手方面的技巧之外，在精神、意念上，又讲究"狠、稳、准""奸、滑、急"。

"狠"是存心，"留情不动手，动手不留情"。而且对自己也要狠，其最高之境地，则有"舍身"打法，不易习得。"稳"是态度，八极应敌必先沉气内转、不动如山。"准"是指时机，一定要做到时机之把握、部位之命中。八极拳法，"一打气，二打穴，三打阴阳两不接"，按部施术，乃克功奏效成。

"奸、滑、急"又是进一步的修炼。眼要"奸"、步要"奸"、手亦要"奸"，乃可以"出其不意，攻其无备"。"滑"是变化，哄诱；到极致时，可以引领对方之动作、掌握敌人之意念而求取胜利，弄人于股掌之上。"急"则指一切意绪动作无不是"急上又加急"的要求，机会一纵即失，门户稍开则闭。一招慢、招招慢，可致亡身丧命而有余。是故，一切要领，必须还要归到一个"急"字，这才是百战不殆的保证。

李公书文先师碑记

八极李公讳书文，字同臣，吾沧东南乡，王南良[①]人也。

禀性好武，慕爱侠义；而家本寒素，无力从师。

于是庙会集期，拳房武场，侧眽旁觑，摹习一二，归自研仿，亦不究竟其门派家数也。

孟村金氏鸣琦暨殿升父子，识爱其才，愿授八极拳棍。一试极喜，便成深嗜。

此盖拳性人性，巧合天成，以水入水，有相得而益彰者在乎？

慕罗疃张氏八极名，投黄士海氏门下，力学深求，为门中白眉。得张克明暨景星父子青眼，八极拳、六合枪，获两世三师之绝学，卓卓然千里

---

① 一说为"张沙"。

驹矣。

再随盐山黄林彪氏，得劈挂掌法与刀术。搓揉阴阳，熔铸刚柔，结凝一己之绝艺，兼示后世八极参劈挂之范典也。

嗣后游场切磋，拳枪琢磨，未尝一负见弱于人。武界叹美，传颂推崇。

清末民初，历游北洋袁世凯、许兰洲、李景林、沈鸿烈、张之江、夏鹤一、张骧伍诸将军戎幕，传技授业，功在军旅。

门人霍殿阁、李健吾、刘云樵等，护卫溥仪、毛泽东、蒋介石之维安，一门三杰，世无其匹，早驰武林之极誉，为吾八极之荣光。

公性沉毅，木讷坚忍，寡言语，忌华艳，于武学身操心维，寝馈于斯。每有一得，验诸实战。守传承，而求升华；广搜罗，而嚼精髓。终成一家之言，为吾八极劈挂之正法眼藏。

八极拳自明清以还，即系名门。赖公力，驰誉寰宇。五洲万国，各色人种之爱习者，多士济济，烨烨煌煌。伟矣大哉，公之劳绩；荡荡巍巍，无复得以名之矣。

赞曰：

神枪盖世世无二，

绝技载史史有光。

屡代威名名震远，

八极吾宗宗永昌。

刘公云樵先生小传

　　刘公云樵，号笑尘先生，沧州南皮县王寺镇集北头村（今属南友）世家，始祖刘义公，明季自即墨迁此。累世官宦，成进士者一十二人。十六世，至公父之沂公，为庠生；伯之洁公，为廪生。二人均入保定军校习陆军，有誉于时。

　　一九〇九年，阴历二月初八，公生于西安府任所，为十七世。（《沧县志》仅及刘氏之第十五世。）上有二姐，皆不幸而早逝，遂为本支唯一之男丁。而自幼孱弱，腹大如鼓。父母忧之。

　　父祖两代之保镖张耀庭氏，为太祖、迷踪两门之高手。爰负专责，护持幼主。日施推拿之术，徐徐而运血气。五岁体稍和，遂以太祖长拳开蒙，试习武艺。之沂公位尊体胖，亦练此拳为体操。父子同习，百零八式，慢拉架子之时，之沂公恒曰："你长大了，也不必做官求财，只把身子骨养好，续了咱刘家的香火，历代祖宗都感你的恩！"

继习迷踪，体益健。之沂公大喜！张耀庭氏系刘府佃农，遂尽赐所赁田地，厚给养老之资送归。

沧州本系武术之乡，名人辈出。之沂公四处寻访，务求聘得第一高手，以课娇儿。

于是套大车，卑辞色，迎神枪李书文氏归，乃与此七龄幼童同寝食起居，专攻八极、劈挂二门之拳械。三载纯功，精进勇猛，仅得八极架一套。之沂公设宴，邀亲友，敬师尊，酒酣，稍稍问如此。李书文氏怒目，曰："他该练什么我不知道啊？"阖座气沮……

盖李氏武艺精绝，而脾性异常。生平较技，伤于其拳锋枪下者无数。尝为直隶李景林督办之西席，礼遇隆渥。以故忤之，遭遣归，深衔之。李督办以剑名，有"天下第一剑"之誉。而李书文氏每薄之曰："穿个大褂练剑，又不会；一拳打死！"

年弱冠，公艺初成，李书文氏携之同游齐鲁。盖以为欲进其技，必试实敌，为唯一不二之法门。其同时，实亦欲寻觅机缘，谋辱李景林督办。而公世家子，与冯玉祥、张继诸氏为亲眷。北洋军中，民国官场，多所素稔，可资回护也。

抵黄县（今属龙口），下榻第五路总指挥张骧伍将军指挥部。公之侄序东，为副官长。张将军好武而技高，从李书文氏习八极、劈挂，敬畏逾恒，而实与李督办交好，同系中央国术馆之副馆长。于是多为缓颊，使不相见。日与新会之小师弟，执艺问技，稍慰李书文氏郁燥之衷怀。

公遵师命，于研修习练之余，日出访友，较技切磋。一时拳械无敌手，有"小霸王"之号。

其博龙口国术馆张子扬馆长也，捧刀相向立，张馆长夺中门猛进，公以"抢盘锁腕"擒之。张惊诧。公亦盛赞张馆长为真能用柳叶刀法者。

张将军指挥部后门，近邻民众教育馆，原系胶东首富"丁百万"所捐建，并设国术班，主人丁子成氏力除旧规，公开传授六合螳螂拳法于此。而公未尝见斯技，搦战，径以"猛虎硬爬山"直进，被丁氏一记"展拍"打翻在地！

张将军廉知其情，辗转聘丁氏，诲此莽撞小师弟。课余，公又以习自张将军之太极拳剑等技，分飨同侪诸君子。

其间，适逢张将军之八卦业师宫宝田氏莅埠。公见将军暨夫人那氏玉兰、妻弟玉昆等，均爱八卦，奇而试习，不觉深嗜。请随宫氏赴烟台，续作深求。

张将军查缉烟毒，清剿匪寇，执法严苛，杀人乃夥。鲁人以"张阎王""张剥皮"呼之。而没入之烟土，则为此小师弟作赘敬，转呈宫宝田氏享用之。指挥部后迁牟平，仍为公时时馈赠不稍辍。之沂公在乡，又月汇银洋为束脩。公遂以黑白两色之学费，得此阴阳八卦之神掌，亦可谓奇遇矣。

李书文氏长日无俚，落寞殊甚，萧然只身归故里。经潍县（今潍坊），与武家较，又毙敌。人乃伪为敬服，挽留款待，阴使其妻下毒，鸩杀之于东城悦来客栈，时在一九三四年也。

公闻耗，伤痛逾衡。复仇、缉凶，又两无着落。兴会颓败，怅然遂作归计。

一九三六年，天津租界日军将佐，有太田德三郎者，为日本剑道高段名手。素轻中华之武术无用，而剑技尤属花法，如舞踊然。太田公开挑战，暂无应者。其势益张，以为中国无人。

公闻讯忿然，夜车赴津。订约假法国公园（今中心公园），剑决雌雄。天津武林，为之奋兴，咸来搦阵。公与太田，各持木剑争锋。太田挥刃直进，公侧攻相应，"一剑化三影"，连中其胁。太田为之弃剑抚膺而降。

于是津门武界，另眼善待。晤师兄霍殿魁氏，而霍氏殊惊同出一门，公之八极、劈挂，多所不同。与八卦孙锡坤氏稍熟稔，适宫宝田氏函至，孙氏大惊，乃知公亦八卦中人。遇山西任德奎氏，以为其形意可观。赵堡王树森氏，陈式太极压众。沧州同乡李玉祥氏，则以青萍剑法负誉。而著《国术名人录》，自序于"天涯别墅"之金警钟氏，其妻"海角寄庐"白剑英氏，实皆韩国流亡人士而雅好国术者。其叙《沧州李书文》一章，言多耳食，公为补正。公尤爱梁家嘴七十八国术馆馆长王云章氏寸八翻之技，愿得修习；而王氏傲然，慢不为礼。卒为公趁机痛击之于其诸弟子前，大骂夺门而去。

此其时少年英发，十五二十之大端也。

之沂公以习武旨在强身，而爱儿耽溺太过，于一九三七年，命入朝阳大学，攻法习律。不旋踵芦沟炮鸣，抗日军兴。公脱身走西北，入黄埔中央军校西安七分校十五期，习万人敌。

唯乍入细柳，难羁粗豪，触绳轨者屡。每喜于晚间纵身越垣出，急走西安市果饵，负之归校，分润战友。其尤甚者，尝枪击队长，断腿致残。依军法，可处极刑，赖张继氏力恳校长胡宗南将军得免。

一九三九年毕业，分发太行山战区。任陆军第一师连、营、团长，积功升上校。多次负伤，一度被俘。解运城，自分必死，辞色不稍屈。日军喜命战俘实斗，且为戏侮。公痛击连挫之，不可当。日军敬其技，爱其勇，时以军用肉食罐头相赠。俟防范稍懈，公越墙夜遁；随其后者，不知凡几。但闻弹声如急雨，可怜枪下魂矣……

一九四一年，任西北侦缉队长。军次宝鸡，遇开封国术馆马金义馆长，以心意六合擅胜场。茶肆中，谈武论艺，一座倾耳。公有不洽意，起立试合。马馆长力抢中盘，公以八极"托窗"化力还力，掷送飞逾茶案而仆。马馆长叹服，明日，亲送该馆顾问之聘书，于焉订交。

一九四三年，任川陕线区司令部参谋主任，遇西北农民银行保镖队长灌云人李增树于西安。以本天津旧识，把晤言欢。李队长曾寓山西，形意功深，大枪得意。殷殷问公作战劳苦，功夫弃置也未？于是拾枪战移时，卒屈于公"左把枪"绝技之下。

一九四九年，随军渡台湾，任"伞兵司令部"参谋处人事科长。调"国防部"人事次长室参谋，鉴铨赴台官佐皆欢颜。而公清廉自牧，蜗居于台北近郊，景美镇头，日据时代旧市场，略以甘蔗板隔间，暂为军眷宿舍之三间蔗板屋，一方小天井中。年未知命，即已引退让贤矣。

台北新公园，为练武名所之一。宏道于斯者，不乏高人。六合螳螂渡台之唯一传人张详三氏，课徒于兹，三十余年如一日。一九六六年间，张氏偶与二位非武术界而时来打拳运动之人士闲话。其一曰"我们沧州，有位刘云樵"如何如何，另一则谓"那是我们天津，刘云樵出过大风头"怎样怎样。张详三氏莞尔，徐曰："只怕是我师弟，俺们山东黄县的刘云樵吧？"而唯沧州同乡某，实知公已渡台，引见张氏，握手恍若隔世。

由是遂不能隐，稍稍与武界游。其时，"立法院"每逢周日，例有武术之聚会。第四会议室为太极拳研究会活动场地，而共和厅中，则各派名手云集，有"聚义厅"之谑号。该院福利科形意门曹连舫"科长"，实主持之。而该院邮局，历经上海、福州、厦门三精武体育会之李道魁局长，襄赞其事。时相过从者，如长拳韩庆堂氏，八步螳螂卫笑堂氏，陈式太极杜毓泽氏、王梦弼氏，形意桑丹荣氏，摔角常东升氏等辈甚多。时论以为："台湾的武术，台北最盛。台北的高手，都到'立法院''开会'去了。"武友之访台者，"立法院"竟为必到之胜地。

公与诸巨子游，怅然若有失……乃收生徒三数人，痛施锤炼。凡经启诱，不数月竟判如两人。于是众金惊佩，益挽公参与武术之组织与活动。

时有"全国技击委员会"者，胡伟克"将军"任"主委"，辗转闻公名，谋初晤，便大惊诧！至于不数日必求一聚以为快。复为引介蒋纬国"将军"。"将军"惊问："是跟我一起守潼关的刘云樵吗？"

一九六八年，公膺重寄，代胡伟克"主任"，以"副领队衔"，率"中华国术队"赴马来西亚，拜会武林，并为该国之社会研究所筹募基金盛大义演，极获成功。

一九七〇年，应聘赴菲律宾，于马尼拉开办八极拳、八卦掌及昆吾剑班。因逢菲国水灾，投身慈善赈灾大表演，募款救难。

一九七一年，创刊武术专门杂志——《武坛》。佳评虽著，而经营恨拙。延至一九七三年，竭力出齐两卷之数后，以财务告罄，忍痛结束。

然而，该杂志附设之武术训练班，滋长茁壮，继续以"武坛国术推广中心"之组织活跃。其教练掌大专院校国术社团兵符者，二十余所。学生多系高级知识分子，出国深造就业者甚多。是故武坛弟子遍天下，位高望崇者殊不乏人，则于提升武术之格位、改易世俗之观感方面，皆有极不寻常之影响。

旋以军校同期生孔令晟"将军"之荐举，入官邸而练侍卫。先后供职于蒋中正、严家淦、蒋经国及李登辉诸氏之处所，并曾代训越南、新加坡等国之近卫人员若干梯次。

蒋中正氏每出巡，必召公随行于角板山麓、西子湾头。居则同邸，食必同桌。命孙辈孝武、孝勇二氏，从公习技；亲眷多来旁听附读。荣民养鱼事业有成，恭献水产，必分赠公。公则召诸弟子同烹赏。

宋美龄夫人寓美期间，其座车则为公驱驰。有时途逢蒋经国氏车队，蒋氏必挥手礼让先行，其重道尊师之谦德有如此者。于是风动草偃，少壮辈之多人，亦复结成小组，从公受艺。

世人多知逊清宣统皇帝之侍卫，曾得李书文氏早期弟子霍殿阁氏之培训。溥仪出关，霍氏随之，遂开东北一系之八极，至今为盛。

李书文氏晚岁，应之沂公之请课其爱子时，族人乡党之子弟，间亦同来习练，以佃户子李健吾（小名玉海）氏为杰特。厥后，任毛泽东、周恩来等侍卫之教习。公在台闻其事，怅怀故人。时时叙少时同窗，及抗战胜利后，与李健吾氏夫妇重逢江南之旧事不已……

是则李书文氏门下英杰之仕为最高等级之侍卫教习者，前后凡三。武林掌故，故缘之而添趣生辉，而李书文氏之功力造诣，亦可借此稍知其大略矣。

日本武家仰公名，赴台求教，始识江海之大。改革开放后，乃赴大陆，续访八极、劈挂之人、之艺，热力久持不稍退。溯其原始，公实发其初轫。

应门人弟子之请，公尝于一九八二年赴美，次年赴日。其在台北，则亲自主持武坛中心之培训。除日常课程及各大专院校之社团外，每年寒暑二季，中（埔里）南（关子岭）北（角板山）三区之集训，迄为武林注目之盛事。

一九八九年，沧州初办武术节，经由公之弟子间接试邀，公颇动容。虽因事出仓促，未克成行，然勉励武坛弟子，期以明岁。

次年，公卧疾，而兴会不稍减。一面谨遵医嘱，休息调养。一面训诲弟子，组团回沧。坚持至九月底，奉医命取消行动，又不果行。

时，沧州除续办武术节外，开纂《沧州武术志》。公极称许，而乐观其成也。

一九九一年，《沧州武术志》杀青，而第三届武术节之恳邀又奉。其同时，济南国际传统武术演武大会初办，龙口六合螳螂拳研究会成

20世纪80年代，刘云樵老师赴美，分访视察各州郡之"武坛"诸"分坛"。此照摄于旧金山著名的"金门公园"一侧之"锅把子小公园"，此处为"金山分坛"习武练功之处所，至今不替（摄影：玛丽·安东尼）

立，烟台国际螳螂拳联谊会成立，亦来邀请。公以传统武术已届存亡继绝之危机，亟须支持与赞助；武坛弟子厉兵秣马，期待展现之机会。遂下决心，扶病登程。坐镇北京，分遣诸弟子，积极投入各项活动，成绩斐然，效应深刻。沧州、山东等有关方面，亦特派代表，进京访谒，致谢致敬，深结将来之合作。

或因旅途劳顿，肩负之责任太巨；近乡而难还乡，衷肠之激荡可知……公返台湾后，身心欠适，而终致昏迷，入院急救。延至一九九二年一月二十四日六时零六分，谢世仙游。

仰瞻公之武学，其太祖长拳多势慢运，有"撑慢拳"之说。古朴浑厚，沉雄完满，与戚继光将军《纪效新书》中之图像，颇多类同；而与直鲁豫三省无虑五七家之太祖拳法不牟。公之迷踪，亦名燕青，有拳头二三套。头套迷踪架；二套迷踪拳，又唤十面埋伏；三套已非套路，乃以单招操演，习练实用。此又与河北、山东等地各支各系之迷踪、燕青大不一律者矣。

至于其八极、劈挂，尽得李书文氏晚岁精微入神之绝学。非唯与他系诸法不一，即与李氏早中年代之传授，亦有出入。八极、劈挂历来多出名手，各支各家无不各有专长。而公所承继者，则反求诸己，专重内力之开发；远及乎人，必以彻底摧毁为目的；而以攻防手段融会不分，为唯一施术之指南。真乃简至无法更简，精至极乎其精之神技矣。

八卦掌法，历史虽短，支系实夥。而胶东宫宝田氏之学，其突出处为：有层次、讲方法、引人入胜、循循而善诱之。其基本功法、辅助器材、阶梯套路与独门特色之各式兵刃，无不均有。习技则讲求实战，修养又深究天人，乃八卦门中之白眉也。

公之刀技，自幼以太祖门之夜战刀为奠基石，而极肆其艺于劈挂刀。乡俗刳木为刀，以试刀盘、刀把之技。今世柳叶刀之刀型满天下，而能知柳叶刀之实技，不与他式单刀混一谈者罕矣。公在台，采榉木（俗名赤皮）为刀胚，以生胶铸刀盘。授艺试技，犹存柳叶刀法之本真。

世人皆知李景林督办剑法入神，而不知其技实出昆吾剑法。李督办虽以提倡国术为职志，然其昆吾剑技，秘不示人，另撰所谓武当剑法，以蔽耳目。公初得此剑于张骧伍将军，习而好之。以投吴殳《手臂录》中《剑诀》长句，如水入水，堪以实技为注疏。然，李书文氏望而鄙之，认为苟无真实功力，如景林辈做官之人，技法再好亦是空谈。因命骧伍试剑，只一击，或径拔而掷之腾空以坠，或则卷而夺之堕地长鸣……于是李书文氏亲手为公析剑术，不改昆吾套路，每式另设发劲用功之秘法。以致公之神剑，如虎添翼。有单招，有套路，有用法，有发劲。中华剑技，得臻完璧。

公每语人："八极"之名，定系读书好学之士之所题。早先在乡，土名就叫"耙子"；以其组拳空握，手形有类农具之故。《纪效新书》著录天下名拳，有谓"巴子拳棍"者，正是此物。公之八极棍法，棍长八尺，挟把穿梭；不立套路，功在单操。熟习后，挥棍时如臂使手，再练双人之对打。攻防反击，招招实战。公与李健吾氏，常同操习，乡俗所谓"一副架儿"也。

大枪为李书文氏生平负誉之神技，而公实继其绝学。每日晨起，持枪受教。始以基功、单招；终以小缠、车轮。李氏枪来如电，不用"掐手"，公手臂青紫坟然，终岁无完肤。艺成后随手挥洒，亦不知手中之有枪无枪，神妙精极，不可方物。更化枪术入诸器，诸器皆妙。"枪为百兵之王"，于是处得注脚矣。

公论武之文，散见《武坛》等杂志，未结集。其《八极拳》一书，有中国台港二地中文版及日本东京日文版行世。《昆吾剑》上下册，均已发行。《劈挂掌》则在定稿中途。而《迷踪拳》之照片早备，书稿待撰。此外，武坛弟子札记之嘉言懿训，积成卷帙；闻亦在分门立类，排序梳理之中云。

公善草书，得者咸以为宝。钤一闲章，文曰："静坐对月，虚心坦怀。"则公合文武，究身心，融动静，而一天人之况，亦得据以稍味之于一二矣。

云樵先师与我入门受教的回忆*

我的武术修行，是从长拳开始的。其后，又学习过螳螂拳。此外，也曾学习过河北形意拳。

我感谢诸位老师的教导之恩，也感谢这些武术门派给予我的严格锤炼。虽然不敢自以为有所成就，但我也确实增强了兴趣与信心，在武术上不断地追求与提升。

终于，喜获良机，得以追随"八极参劈挂，神鬼都害怕"的刘云樵老师，迈入我武术修行的另一段长征。

云樵师对我的第一个考验，不是不肯教我，而是劝我："拳打得不错，功夫也很好。可以再学一套八极拳，也可以练套劈挂掌。很快就学完了，多几套东西玩玩。"

---

* 本文作于刘云樵师逝世十周年之时。

我非常坚定地谢绝了他的"好意"。于是，云樵师提出了一连串的要求，考验我的诚意。

他说："如果是真练，无法速成。必须要有耐心，能够长时期地学习。"

我答应："是！"

他说："每天下午来学，一次是四个小时。"

我答应："是！"

他说："你自己更要勤练。早晚两遍功，一共也是四小时。"

我答应："是！"

他说："你从前会的东西太多了，暂时全都放下，不去练习，且等以后再说。"

我答应："是！"

他说："像这样子，你大约要不间断地跟我勤练四个月。也许，可以入门；不过，也不一定。"

我答应："是！"

他说："你不要告诉别人，不要让人知道你在我这里练，也不要带别的人来。"

我答应："是！"

他说："你除了念书以外，要多休息。注意生活起居、饮食的营养，不要有不好的习惯。"

我答应："是！"

他说："我知道你想学八极拳。可是，你先打八极不合适。你有许多从前的旧动作，要先洗掉。我决定，你应该先练劈挂掌，你同意吗？"

我心中非常失望、为难，不知如何是好。但是，我没有办法，只好答应："是！"

真正的考验开始了！在酷热、潮湿的炎炎长夏……

在云樵师一对一的教导下，我身心两方面都有难以承担的苦痛与怀疑。

我学习劈挂掌的基本动作，虽有许多，但是，云樵师"看功"时的训诫，好像永远只有："松，再松，还要再松……"

再松？再松我就不必练了！我只能在心中呐喊，深为不平！

当然，不练，是我绝对不肯做的事。而每当我的动作太松、太软、太离谱之时，云樵师又严格纠正，绝不放过！

常常是连做了十遍，二十遍，三十遍，他还是摇头："唉，不对，再来过！"

最最令我不满的是："太松了！""太紧了！""这又太松！""那又太紧！""你怎么这么松啊？""你那么紧干啥呀？"……

似乎，我永远没有练对的时候！

台北的溽暑，就是不言不动，也令人汗下如雨……

毒热的大太阳下，我挥汗练功。心中，更是挥泪难禁……

每每只要半个小时，云樵师景美寓所的小天井中、水泥地上，就已洒遍了我的汗水，好像下过小雨似的……

有时，练到中途，趁我喘息、喝水之时，云樵师以脸盆盛水，泼在地上，但闻"嗤"的一声，水气如烟而起。

而"收功"下课之时，衣、裤、鞋、袜俱已湿透！人，更如虚脱一般，连话也多说不了。

辞别了云樵师，站在北新公路的招呼站旁等车。眼见车来，竟连招手都有困难！不止一次，上车忍受车掌小姐的白眼：看我一副狼狈之相！

吃饭了。云樵师关照过"要注意营养"。

举箸扒饭，没问题。夹一块红烧肉，也可以。夹卤蛋时觉得手软

一九六四年夏日，始从刘云樵老师修习八极拳、劈挂掌。此照摄于刘师住处——台北近郊景美镇上军眷宿舍之庭前小院中，刘师正在修改八极拳之时。背后的春联是善作草书的刘师之手书："传家有道唯存厚，处世无奇但率真"（摄影：苏昱彰）

刘师正在修改劈挂掌。我脚上所着为台湾的第一双"靸鞋"，托请著名戏剧家李国修（屏风表演班）之父——李慎恩老先生特别定制。"靸鞋"是北方习武者练武之时穿用的寻常鞋具。台湾属南方省份，从无此物（摄影：苏昱彰）

无力，只好戳起来吃。而追逐又滑又软的虾仁，劳而无功，得用汤匙"擒杀"才成！

不要忘记，就寝之前，还有一遍功夫要练。

月光之下，旷场之上，独自一人，对影挥劈……

辛苦的，不只是身体，更是心理。我要努力自制，绝不可以偷偷地用力！

我不可以一掌打死南山虎，不可以一脚踢死水中蛟。我不可以假装以一抵十、血战天下武林之高手；不可以幻想与云樵师对掌过招，倾全力以求表现。

不可以，不可以，不可以……

我"不"明白这种松松软软的功法，怎么"可以"把我练好！

练功，是我生命中的重要事项。练功，也使我变成了天地间的重要人物！

请看：灿烂的朝霞，每天都是我挥劈指引，才冉冉地布满东天；到了晚上，满天的星斗，也要靠我的拍拍打打，才肯徐徐地西沉；就连每天气温最高的下午一点到五点钟，也逐渐在"痛"苦之中，浸糅进了似有还虚的"快"感……人人都知道的一个词——痛快；我更增添了不经苦"痛"何来"快"乐的亲身体验！

逐渐，我体悟了：松，才是练功的开始。全不放松，练了也等于白练！松则通，紧则壅。半松不松，也就是半练不练。

逐渐，我又体悟了：松与紧，要恰到好处——一切武术追求的指标，亦即是所谓的"意紧形松气乃周"。太松了、一味地松、只知道要放松，也是过犹不及，并非正确的练法。

逐渐，我更体悟了：这松与紧，并不是调好了正确的百分比，放在那里，一成不变就行的。松非真松，紧不全紧。这松紧阴阳，竟然是与时迁移、变动不居的。它的分量，随时在改；它的质地，也因而随时在变。

令人更刺激、更兴奋的事情是：松紧交易、阳开阴闭的伟大作业，是完全需要我自己来主张处理的！天地祖宗帮不上忙，云樵师只能颔首旁观。

这是一种艺术！而表现此艺术成就的凭借，不是染料、纸笔，不是乐器、音符，也不借助化妆、服装、布景与灯光；其唯一凭靠的，只有一个精赤条条的我、勇敢担承的我、挺立于天地之间的我！

既然有"夫子循循然善诱人"，小徒弟自然是"欲罢不能"，而且，早已忘记了苦练的目的与期限！只是一味乐在其中地练、练、练……

某日，课毕。云樵师叫我到近前，伸手向我道："来！再称称你的胳臂。"

于是，我站稳，躬身；自肩部以下，先左后右，将整条胳臂垂直向地；放松，像钟摆似的松松摆动。云樵师不时地插手，让我的手臂停摆在他的手臂上，以试其轻、重、沉、浮。

云樵师颔首，轻语："唔，不错……"又将他的手掌向上平摊，示意我把胳臂轻放在他手掌上、小臂上；再轻离略举，再纯任自然地落回原处；再离、再落……

云樵师称量过后，欣然不语。归座，默然半晌，向我说道："行了，你可以了，你算入了门了！"

我茫茫然……

大约因我呆头呆脑的样子吧，云樵师似在解说：原约定四个月的，今天，才满三个月。不过，你已经可以了。总算用功，不错。不过，中国人常说的"百日功"，也只是入个门而已。从今以后，才是好好努力的开始。

大约，是这么几句话。记不清楚，是因为听得并不清楚。

奇怪！我当时无喜无悲，很清楚地记得——十分平静。

才一转眼，云樵师已经离去十个年头了。

看看日益虚娇的青年身心；看看一个"武坛"各自表述的"简单事实"；再看看一己寸步难前，一筹莫展的无力无能……

虽欲稍叙忧惧，略述惶急，却是怎么也写不出这十周年的纪念文来！

云樵师辞世之年，我曾写了一篇小传。三周年时，也写过一份追思。而十周年，所余下的，竟然，只有沉哀。

"往事只堪哀"，回味，很自然地会从头开始。

记下来吧！记下来的便是此文。

入门之后，三十年来，种种的人、事、武术，真、伪、虚玄，以及成、败、空无，等等，就等着写回忆录吧。

不是吗？才一瞬间，已经到了写回忆录的年纪了！能相信吗？不信行吗？然而……

继志述事，勉为其难。记叙始修入门的经历，只是对青年一辈忠言以告，"不要输在起跑点上"而已。

微小的愿望，是想寻觅一二心诚气壮、志意笃实之士，痛加锤炼，一如当年之故事。

中国武术不容易练，但也并不那么难。难的是入不了门。而入门，一百天就够了！

不，难的是，找不到真肯傻练一百天的人！

云樵师是一直这么说的，我一直不信。

至今，我仍然不信。因为我一直在寻觅……

八极引玉

　　我是一九六四年，在台北近郊的景美镇上，追随刘云樵老师学习八极拳的。

　　刘老师是沧州东南乡（现属南皮县）王寺镇集北头旧家，累代官宦，富甲乡里。他自幼跟随李书文太老师习技，同寝食起居，继承了李太老师晚年武艺圆熟精纯之后的八极拳风。

　　随后，刘老师创刊《武坛》杂志，命我承担主编、社长等职；又成立了"武坛国术推广中心"，令我分担班主任、总教练等工作。

　　不数年，"武坛"不仅有社中常设的训练班，而且在二十几所大专院校中担任国术的教学。亚洲各国华侨的武术同好，远道来学的也日渐增多，真正是推广八极拳的一个中心。

　　改革开放后，许多爱好武术的日本人，开始探访少林拳、太极拳、八卦掌、形意拳等的发源地与

以上三幅照片分别为八极拳顶心肘、马式冲捶、马步双栽捶。

20 世纪 90 年代初，自美国返台湾。喜见刘云樵老师寓所的庭前小院已做改善，有了红砖墙，而且高悬刘师亲笔所题 "武坛" 二字之牌示，高兴地在庭院中留影数帧，以志 "武坛" 之进步，原址现已拆除（摄影：林仲曦）

当代名师。其中，八极拳也是他们追根究底的一个门派。

八极拳的起源，已无据可考。八极拳传入近代，是从沧州东南乡各地英豪发展开的，似少异议。其中，吴连枝先生，就是日本人下乡寻访的。随后，他不但成立了"孟村开门八极拳研究会"，而且荣任孟村体育运动委员会主任之职。

其后，在多次大规模的比赛及表演会上，八极拳均有出色的表现。相关的新闻报道、学术论述与专门著作，也愈来愈多、愈精彩、愈深入。

海外闻讯，佳报频传。回想在台湾苦苦学艺及推动八极拳的一段飞扬岁月，实在不能不感到又是振奋，又是欣慰！

我于一九八七年秋天，亲自踏访沧州古迹文物，拜访各地八极名师，更获得直接的、间接的资料，有幸接触到许多不同派别的八极拳。八极竟然有这么多种不同的风貌，真使我既感讶异，又觉兴奋。

大体来说，孟村吴氏之技，到连枝主任的尊人——秀峰先生手上，曾经做过幅度相当大的编整。特别是对套路所做的工作，铺衍殊盛。至于其练功的法式与表现的风格，也充分体现了秀峰先生的个人色彩。我访孟村之时，连枝主任连夜自长春赶回接待。

强瑞清先生一系，在东南乡一带、沧州城里、天津与石家庄，均有传人，而且风格近古。因为接触尚欠深入，未知其详，不敢妄置一喙。

西北马氏一系，源自罗疃杨石桥村。凤图先生武艺出众，劈挂、通臂尤其擅长。曾经远游关外，更得翻子、戳脚之技，融会贯通，自成绝艺。据其哲嗣贤达与明达二位先生之议，认为已经兼容劈挂与八极，为浑然天成、自然而然一种进步之现象。

这一支不但与日本的八极拳界来往很多，而且，贤达先生之子马越，更在英国传技。少年英特，能世其家，为马氏跨灶之子。

凤图先生的二弟——英图先生，曾与韩化臣、赵树德、程陵华诸先生同在"中央国术馆"教授必修课程八极拳。其内容，是将传统所谓"官招"的"大八极"略作修订，使之合于团体教学之口令指挥。上下半趟，可以拆开，也叫单打；也可二人合练，就叫对接。这一支的八极拳，同出马氏，与现下西北马氏之技，相当不同。

在台湾，八极实以燕青门陈玉山先生之徒、六合门佟忠义先生之婿——国术馆出身的李元智老伯为先驱。特别是在军中，传授甚广。其高足潘文斗先生则在"宪兵部队"任职，教习此拳。其他更有多位国术馆及国术体育专科学校出身的前辈们，也在全岛广事发扬。

至于东北霍氏一支，始于殿阁师伯之随溥仪出关。淹留既久，师弟相传，遂成关外八极之始祖。由于殿阁师伯是李太老师早期的弟子，功法内容，与刘老师之所习乃有不同。再加上殿阁师伯本人，一世之雄，其个人的会悟与创见，必有独到。因之，这一支的风貌，与我习自于刘老师的，虽然同出一源，也仍然是各有妙造，并不全同的。

抗日战争爆发前，刘老师在天津法国公园击败太田德三郎后，流连津门，与寸八翻王云章、形意拳任德奎、八卦掌孙锡堃诸先生相往还，而尤其与殿阁师伯之弟——殿魁师伯，时相切磋。当时，殿魁师伯便曾惊诧地发现，刘老师的八极拳"怎么这么不一样"。

中国学问、技术的传授，必讲家数。经学、史学、书法、绘画、京剧，乃至于武术，没有例外。好处，是在风格个性的发挥、个别心得的凸显，不求划一，不定标准，鼓励创造，培养人才。而其副作用，则在易起争端、崇己抑人；宗教的情操超过了学术的良心，家族的私祖干扰了科学的尊严；人情味太浓，公理心不彰；同门同派不能合作，反生争执，只是因为内容小有不同。

其实，家数只是空招牌，并不保证产品之质量，好比唱老生：谭派、余派、马派、言派，分派只不过说明所唱的路数不同，至于唱来好不好，完完全全是另外一个问题。

我很高兴地看到成见较少的日本武术家，已开始对八极拳试作比较之研究。外来的刺激，引发了我探讨的兴致。

为此，我曾将一己微末技艺，恭敬地呈献给从学诸君子，国内、国外，所视一同。我不但不敢代表八极拳，也绝对不敢自以为代表了李太老师和刘老师之所传。"武坛"的中外弟子众多，成就卓著，不是我可以蠡测的。

我所衷心祝祷的，一为小我——希望得到各方面的批评与指教，一为大我——重要的是树立公开的、学术的、谦抑的、容他的学术研究新风气。这，便不是八极一门之私事与家务了。南北诸家，各门各派的传统武术，实在都该朝着这个方向走啊！

理法功架

传统八极拳的现代教学法

八极拳精髓
八极架（完整训练）

八极拳精髓
八极拳（完整训练）

武术，就是搏斗的技术。不是健身操，健身是它的附加价值。也不是表演法，表演是它偶一为之的自娱与娱人。

传统武术的学习程序，从来都是由基功——培养功力，而套路——活泛技术，到应用——达成目的的。成系列、相关联、环环相扣，缺一不可。

近百年来，武术不敌枪炮。无论国内国外，练习武术的现况是：

基功或因辛苦枯燥而不学，或者以西方的体操活动为内容，真意全失。应用则早因保密不传的陋习而残缺，更以不能作战的借口被唾弃。于是，练武就变成了练套路。自满自喜，自欺而不能欺人。

因为，套路若无中国基因的基功为功底，就必然空疏零落，从根本上变质。而若不追求千年文化

传统、亿万人命牺牲之所沉淀结晶的应用，则一定命意茫然、无法聚焦。武术成了花拳绣腿的空架子，根本不值得去学习、推广、提倡与发扬了。

八极拳是著名的传统武术门类，世代相传。它没有缤纷多彩的外貌，只注重道劲质实的内涵。重新整理传统八极拳的基本原则，就是"以复古为革命"。

换言之，"复古"是回归武术之本真，而"革命"是必须使之现代化。

工作的第一步，是挖掘传统、身体力行。从学习、锻炼而消化、内省，尽量具备评估擘画、审慎取舍之能力与认识。

第二步，则是理董爬梳，条分缕析。根据内容划分门类，务使有条不紊，各列部居。

第三步，乃是以百余年前才传入中国的学堂制度与教材模式，将八极拳划分科目、架构等次，使其教学目标明确、施教进度清楚。编写出容易实施，又可以考核的阶梯式新教材。

第四步，必须招收学生，长时期地试教、不停止地修改。开办不同种族的东西方男女人士、不同性质的长短期训练班级。

第五步，绝不以为一蹴可及，绝不树立山头宗派。必须等待两三代的持续努力，再修再改，才有可能臻于完善。

试行编整八极拳的新教材时，必须严格把关的是：切勿专重武术，据理说理，而要为人——现代人——设教，接引新秀。

因为，现代社会中的幸福人类，去古已远，生活日益便利，身体功能逐步退化。农业时代的情性与体力，早已两皆改变，而且差距日遥了。

所以，传统武术依据古时人而设定的锻炼，无论内容、程序、分量、要求，必须重新调节、适度配置。否则，教材与对象完全不符合，就成了不能实用的高言空论了。

纲目

分述

熊步

一、基本功

任何拳术门派，必有基本功法的训练，借以强健体能，熟习动作，身通原理，以及树立该门该派的基本技法与个性风格。

有些功法在入门之初、套路之前，必须先做培训；也有相当一部分的基功，则伴同深浅不同、目标各异的套路，而做双轨并行的研修。因为，没有新增的更高层次的基功为辅佐，更高一级的套路是学不上去的。

初学武术的人，必须先做一般基功的学习，如：暖身、架腿、悠腿、踢腿、打拳、劈掌、缠丝、生根，等等，以为入门。

这些训练旨在树立中国武术的特色。对外，有别于世界上任何其他国家民族的拳术；对内，则是建立各门各派的血缘关系、中国武术共同的原理原则。

八极拳极其注重共同基功的传授与严格的考核，以作新进的青年人能否修习八极拳术的依据。

至于八极拳特别强调、不可或缺的本门基功，第一课则是"熊步"与"虎膀"。

"虎膀"教人完全改变与生俱来的打拳习惯，进入武术的全新领域。"熊步"教人用意不用力，体验武术练的是意，而不是气。

这两个八极入门奠基之操作，各有几个层次，依序为：

熊步：原地、活步、斜行。

虎膀：单招、连招、变招。

传统八极拳绝不径习套路，做表面文章；而是对基功要求学得正、练得勤、求得精、悟得透。认为必须如此，斯为得法，而可期成就。

八极架单动

二、八拳母

八拳母是传统之所必有而教学较无次序，现代不可或缺而特别组合新编。它是通过多种不同的引手、跺子与捶击的互组训练，使新学者对八极拳的技术内容得以亲身体认，并且开启现代人面对古老传统的正确心态。

八拳母招式简单、要求严格。必须达成的训练目标，分三方面：

第一，遵循中国武术独有的运作方式，扬弃日常生活的动作习惯。不依恃先天本来的强壮，专培育后天研发的精当。

第二，进入八极拳的行功程序，以腿脚跺子奠定下盘、脊背拧转开启中盘、手臂缠裹发展上盘。

第三，配合不同引手的开门方式、不同打跺的蓄劲格式和不同部位的发拳招式，体悟传统八极拳深远广阔的内容，开启研修的兴趣、探索的前路。

八拳母的技术有：直旋冲击的前四拳，圈弧挥击的后四拳；三种引手，三种跺子。分别为：

引手	跺子	八拳	
1. 搂手	4. 弓步直跺	7. 前冲	8. 前弸
2. 采手	5. 马步横跺	下砸	下劈
3. 穿手	6. 虚步暗跺	上攒	上挑
		横打	横抡

这些内容的组合练习法是：

起始，1＋4＋7＋8；然后，1＋5＋7＋8；再后，1＋6＋7＋8。2与3的引手与跺子及八拳的组合仿此。

三、六肘头

八极拳以埋身近战、贴身肉搏而驰名。在拳法、腿法之外，常用肘击，善发并全身为一肘的强大功劲，技法突出。

六肘头是传统的训练，曾做整编。其中并无打拳劈掌之招式，专门注重开发躯干，磨炼肘功。

用肘不比用拳，力学上做功的距离短，因而增加速度、集聚能量就不容易。是故，六肘头除了外现的各种肘法之外，极其注重躯干部位的身法训练，价值高而效果好。

这些针对躯体而开发和设计的功法，教导学习者如何达到"力由脊发""拧腰顺肩""三盘俱到""周身合力"等要求，为进入武术之境、八极之门，提供了必需的营养要素。

武术谚语说："宁挨十拳，不挨一肘。"八极拳谚更说："学会六肘头，交手（遇敌）不用愁"，正是指这种全身惊炸、汇为一肘的肘击之术而言的。

六肘头的功法内容，包含三种引手、三种跺子和六种肘法，分别为：

引手	踔子	六肘	
1. 单引手	4. 弓步直踔	7. 内门肘	8. 后顶肘
2. 双引手	5. 马步横踔	外门肘	砸击肘
3. 三引手	6. 虚步暗踔	横盘肘	劈击肘

组合练习的程序是：2＋4＋7＋8，2＋5＋7＋8，2＋6＋7＋8。而由1和3开始的另外两组，练法仿此。

八踔　　八极架套路

四、八极架

八极架亦称"小八极""老（旧）八极""死八极"，是传统八极门中的第一个套路。八极架的训练极其丰富、极其重要，它把守进阶练功的咽喉要道，绝非只学一个简单短小的套路就可以完成。

下列这若干个不同层次、不同功能的锻炼，必须一一学习、步步前进，才能使八极架的存在具有意义、八极架之内容发生作用。

（一）八极架入手的第一个工程，绝对不是习练套路，而是从套路中精择若干单招为习练的对象，一般是八个，分别为：顶肘、双撑、托塔、避裆、双栽、打弸、偷心与抖翎。

（二）继之，再学八种不同的踔子，配合单招来一起操演：拍碾、双碾、搓顿、舀拍、双踔、单踔、冲拍与旋碾。

（三）再后，才是八极架整套拳路的学习，一共二十四个招式。在锻炼的时候，并不是只要熟练、快速与花妙，而是要能将整个套路中的每一个招式，先建立起"沉坠劲"，再行一一扩展弸撑，成为"沉坠劲"与"十字劲"之结合。然后，追求天地人三盘贯串，以由下而上、从后到前的内在施为与外在展现，结合"沉坠劲""十字劲""缠丝劲"，使成一体。

（四）为了帮助现代人掌握窍要、节省精力，较为容易地进入八极拳的技术重点，特别研发了八个功操，借以发挥动能、增强"外壮"，并且采用传统武术习用的民俗美称，分别定名为：美女梳妆、孔雀开屏、霸王拔剑、鹞子束身、千斤坠地、犀牛望月、窝里发炮、金鸡抖翎。此与（一）的八个单招、（二）的八个跺子，是一一吻合的配置。

这八个功操又需与八个单招做夹心馅饼式的练习——就是先来一个顶肘，再练美女梳妆，然后又练顶肘；再练梳妆，又练顶肘……其他单招与功操的组合练法仿此。

（五）传统武术各个门派的训练，无不需要站桩。而现今留存的各家武术，已少有桩功的要求。

内功

八极拳的办法，是先练一个单桩——"怀抱婴儿手托腮"或是"怀抱婴儿"，也有就把它叫作"八极桩"的。

桩功

因为注重这项锻炼，所以，故老传述的说解便有："头顶青天，脚踏黄泉，背贴直（大）树，肘寄（开）远山，怀抱婴儿，内实丹田，劲运周身，力撑八面。"其中，"怀抱婴儿"是外现的架式。"内实丹田"则是要求由成年人的"胸式呼吸"还原为婴儿的"腹式呼吸"，也就是传统练功家美称之为"由后天返先天"的"丹田吐纳"，为了强调它的重要，更有称之为"吐纳大法"的。

这种训练的目的，除了追求"内壮"之外，更为内外合一、气体一如的要求做准备，这也就是"运动"——内"运"而外"动"，中国"运动"的基本哲理与需求——一词之由来。外国语文中，似无对等的翻译。

八极拳在站桩的时候，首先要拉开功架、稳稳立定，其后外形不动，而体内的运作密密绵绵。练功的时间，则由十分钟而二十分钟而至少三十分钟，才算初步及格。身心有了感觉，才好继续用功。

（六）进一步的练法是由"怀抱婴儿"的单桩专注发展为多桩进功，亦即将前述的八个单招，改强动为久静地一一站来。既是多样考验，又复进功提升。八极架明明是一个套路，有时被说成"其实就是站活桩"或是"八极架就是练行桩"的原因，正在于此。

这八个桩法的要求，是在默数呼吸吐纳的计数之外，更要"以意领气"，"周身运行"于头、肩、肘、手、尾、胯、膝、足八个部位。一紧一松、一松一紧地进行自我体内的深层锻炼。

站桩不仅仅是每日定时、呆若木鸡般不挪不动，更要养成习惯，常常在不练武的日常生活中，偶一念及，就默默用功：不论场所，不拘姿势；内在运转，而外形不动；人虽不知，而一己充实。

（七）进功至此，已具内气护体、外动灵活之水平，就需要装设木桩或是寻找合适堪用的树木，以八个单招逐次上桩击打，使血肉之躯与天然的木石相撞击。目的在习惯接敌用招的实感，寻找避免伤害的窍门。

（八）继之，则要集合同伴，以活人而代死桩；互相用此八招，苦练肉身。

发劲、应用

首先，其研求的次第与目的是：锤炼首先接敌的双臂，使之既能耐受撞击的力度，又能感知变走的方向；而且"拳去不回"，黏缠不放地守紧看牢，才能连续进招，将对手打垮。

其次，则是熟练脚步的进退吞吐、角度挪移。既能够打踩成劲，亦能够机变灵走。

最后，更要在走下盘、运上盘以逼中盘的实际触击中，使最呆板拙滞的躯干部位得到必需的训练。

须知与人对操，便不是向空作拳，也不同于呆桩死木。血肉碰撞的感受与反应，次次不同、时时差异。这一步骤的锻炼，旨在引领学习者取得肉搏实战时的知觉感应与分寸拿捏。

总之，八极架及其伴随的各式训练是八极拳的筑基功法，舍此而外，别无他途。这些训练是学习八极门武术的先决条件。

这就有如筑室盖屋，必定先有稳固的地基，才能够起造高楼。只练一个八极架的套路，便成空中楼阁，只是闲话一段，美谈而已，既没有武术上的意义，也不具备练功求法之功能。

武谚曰："打拳不练功，到老（终归）一场空。"学打是学打，学耍是学耍，似乎都是练武，而其实根本不同。

前人说过："只（老、单、专、光）练一个小架，三年"，我常强调"大八极不大，小八极不小"，正是这个意思。

五、八极拳

八极拳也叫"大八极""新八极""活八极"，是八极门中被人熟知的最具有代表性的著名套路。

习惯上，这套八极拳也常称为"官招二十四式"。而所谓"官招"，就是可以公开表演，亦可向外流传不妨的意思。

有时，也常将此"官招"一分为二，成为上下手，可两人对打，以增兴味，而实

八极拳"双撑掌"。时客居美国加州旧金山（摄影：玛丽·安东尼）

际上则是保守习俗与欺敌伪装的惯用伎俩——用热闹好看的打斗，来隐藏真实的训练法与实际的格斗技。

其实，八极拳是承续八极架之后，更上层楼的套路。其内容与要求大致如下：

（一）首先，也是选取八个构成套路的主要招式，进行单招练习。它们分别是：顶肘、拦捶、下击、翻砸、打开、掐肚、撑掌与挂塌。而每个单招，又各有若干不同的练法，均须左右熟习，融会贯通。

虎膀

（二）其后，才是遵循传统，习练八极拳的套路，并在左向起手练完之后，继之以右向起手的反式练习。当如此连接不止的双向套路能够连续演练之后，更要逐渐将遍数加多，先左后右，再左又右，如走长途、如登高山，以增内气与外劲。

八极拳单动

此外，前述"沉坠劲""十字劲""缠丝劲"的要求，仍要在八极拳的套路中继续锤炼、不断提升。

八极拳套路

（三）再次，则是八极拳法"步活招灵"的追求。就是先将前述单招与套路中的其他招式，自由结合而变化活用。然后，更要以"进退伸缩""左右挪移""斜行侧击""回转机变"等不同步法，不拘一格地摹习应敌之时的可能情况。不但要身手灵便，更要心志活泼。不要被成招定式死锁，才不会被敌人一打必杀。

八捶

（四）下一步，就要埋设所谓的"十字桩"了。此桩是在埋地直立的直桩（敌身）上，穿贯横桩（敌臂）。练桩时面对直桩，而将横桩对准心窝，使生阻碍进招之作用。

内功

开始上桩时，先以引手发向横桩，以开敌门。再以八个单招或八极拳中的任何招式，袭取直桩。连环击打，力透敌体。

桩功

（五）因为"十字桩"的设置比较花费金钱，且占用空间，又很难找到天然成形的树木可资利用，所以建议采用不但变通其法而且提高效能的练法：二人结伴，一人直立，伸手向前，仿效木桩；另一人则依法依式进行练习，再行交换位置，互助互勉。

要注意的是：扮木桩的人，需要穿着护具。练习的人亦宜穿戴拳套、肘套之类的装具，不但避免伤害，也使人放心施为而求取成效。

（六）更进一步时，防守助练之一方不再摹拟木桩，而以武术中最常见的"三尖对"转动向敌以应战。这就更添练者的难度，同时也提出了哄诱用招与变招的要求。

发劲

更进一步，如果不再规定攻防角色，任由双方自由变换、争取主动的话，则已经不是预定动作的双人对练，而是进入了所谓"散手"或"散打"的训练阶段。其与真打实斗，仅只一墙之隔了。

六、六大开

首先，循名责实，了解前贤命义之所在：

"六"是一个数字，标明一共有六道例题。"大"字一方面是虚美之词，另一方面也是必须与重要的意思。"开"则点出这一阶段，已进入了"先开己窍，再开敌门"的锤炼。因为是实际战技的演习，从来都深受重视。

六大开的具体内容，在八极拳的各支派中颇有不同，此处依据传承，分别是：

1. 大（打）靠：引化靠打
2. 打弸（捶）：擒捉弸贴
3. （硬）爬山：两拳一肘
4. 撑击（掌）：缠封点按
5. 拦捶：顶肘侧捶
6. 虎扑：砸攒虎扑

六大开如此重要，当然不是只学六个招式而已，而是要先将六招左右熟练之后，继续深化详求。而其入骨入髓的三道功法，分别是：

熟招、上桩、对练。

首先必须熟招，也常说要招熟。指的不只是六大开，而是六大开打开敌方门户之后，要与八极拳中的各种招式连环衔接、灵活串化，并以不断变换的方向与角度来熟习既有之技法、发展一己之特长。

至于上桩，则使用直立的单桩或十字桩均可。依六大开的招式欺身直上，以前胸、后背、肩膀、腰胯等部位，随式冲撞，力求在初接弹开之后，立即变招速攻，不容犹疑。所追求的是体气充沛、内膜坚实。如此才能够能人之所不能，而为取胜制敌之基石。

其后，必须对练。桩是死的，人是活的。紧接一步的检验，必须与同学互相实做、以感以求深植八极拳铲根夺位的实战特色与格杀技能。

上桩以及双人的练法，是受传统八极拳中"贴（铁）山靠"的启迪，从而研发制定以试行的，是在传统靠墙、靠树、靠桩、靠人的练法之外，更求躯干各部冲撞（中盘）、脚步见隙插进（下盘）与手臂拧劲缠化（上盘），等等，是更全面的锻炼功法。

七、八大势

八大势也叫"八大招""八大式"。招式是招式，而"势"是敌我双方的形势，不是一回事。它是六大开之后的开展与加强，是进一步引领学习者进入活招实用的启发与指导。

顾名思义，"八"是数目，"大"是根基，而"势"就是形势的意思。

在实战上的要求是：上盘手法更多，且更灵变；下盘步法机敏，正门偏门随式活用；而中盘身法的转折吞吐、一招多用、攻防合一，指向化急切为从容的训练目标。

八极拳各支派的八大势，内容各有不同，出入较大。这与六大开一样，因为变化多而限制少，又以启发个人特长为目的，自然就不必尽同了。"先搭架子（八极架）后打拳（八极拳），六开八势自己编"，就是这个意思。

八大势依据传承所得，分别为：

1. 冲捶   2. 劈（山）掌

3. 降龙   4. 伏虎

5. 迎面掌   6. 探马掌（献肘）

7. 圈掌   8. 虎抱

八大势的练习并无固定的先后次序，其重要的要求是：这八个基本招式，不但要能够随意参合、贯串活用，而且必须将之一一拆解，由学习者自由地串组。

所谓拆解，是一招之出——比如说共有三动——进行到第一或第二动时，并不做完，而径行接上另一招的第若干动，再连环接到又一招的第某某动上去的意思。

而在这八个招式既已化解活变之后，更能将八极拳中的任何招式依法拆用，斯为有得。

如此无拘无束，斯可以无穷无尽。随机应变，自己做主。而必须达此境地，才真正是拳与人合、在心由己。无一处不成规矩，无一手不是八极。然后，更应寻求发展个人喜用善用的某个招式或若干招式，精练深求，神化入妙，使之达到高峰而成为"绝招"。

八、实战诀

传统武术虽然已经不再使用于战场，但在私人防身自卫之需求上，仍有实用价值。

应用

自清末至今日，八极拳之所以在众多武术门派中脱颖而出，被用来训练侍卫保镖以维护安全，乃是在于八极拳贴身近战、彻底拔根的用技原则，与特种勤务从"以身作盾"的消极防卫到以身为"弹"的积极掌控，既有不谋而合的一致性，又具有法可循的训练法。

传统八极拳是一个讲究"拳去不回""三盘齐到""步步前进，天下无敌"的具有刚烈性格之拳种，而成就近身、欺身、贴身、埋身的战法，首先需要传承的不是拳招，而是步法。这就必须破除"教拳不教步，教步打师父"的传统积习，明了"手到脚不到，自去寻苦恼"与"脚到手也到，金刚（神仙、好汉、英雄）也打倒"的拳谚，而传承临敌接战时的"捆步"与"锁步"两大要诀。

所以我说："捆锁二步妙无穷，保住三尖往里攻。身如泰山稳，先入虎口中。"

然后，在能够以步载身、切入敌阵之后，才有可能实践流传下来的八极口诀："手打吐信而进，肘打钻身而进，膀打塞肩而进，脚打插裆而进，膝打扣摆而进，胯打挨靠而进。"此时这种一体施为、"三军联合大作战"的理想境况，便非虚言。

至此，八极拳那种"贴身靠打，接二连三""由里往外，直入横出"的实战法门与用技特色，才可以招发功成而确实实践。

结语

时代不同了，专业的武术家，少；业余的武术迷，多。

这套教学方法是站在武术专业的角度编的，尽可能保存传统八极的原貌与全貌，是志趣，也是责任。至于实行，则要依据使用者的兴趣、目的以及身心能力，而做适当的取舍与最好的安排。

须知，八极拳这个门派，比较偏向专业。它很有名气，也吸引人，但并不是人人都可以依遵古法来炮制学程的。必须依据状况，适当安排。

简言之：专业不是大多数人的选择。

学习武术可以强身养性，乃是古老武术在现代社会的存在价值与时代功能。然而，练武旨在强身，过量亦能伤身。刚猛迅捷的八极拳，又不可能改用温和缓慢的方式来演练，只怕是无法变成健身操广受欢迎而成为流行时尚的。

社会人士练功习武，当然是很好的休闲活动与文化追寻。以八极拳为对象，一定能够满足这份愿望。而在练拳之外，也可留心八极拳的历史之谜、掌故正误、人物奇谈与现行学习方法的探讨，等等。不但增加兴味、作为谈助，而且在亲朋好友、领导下属都承认为内行人以后，就容易发挥影响。有志一同，便可参加急需各界投入的推广发扬之工作了。

台湾大专院校的国术社也很流行打八极，这对八极拳的社会地位与形象的提升很有帮助。同学们自应以学业为重，社团只是课外的活动。本末轻重，不宜倒置。何况，在校修习的时间有限，如想对八极拳作全盘了解的话，就需要有提纲挈领、精简扼要的教材以资使用。

再者，同学们攻读的科系不同，学问上各有专精。学武术不但要亲身体验与享用，更要利用学术方面的专长来做理论研究与技巧分析，特别是以现代科学的生理学、物理学、心理学、医学，以及人类学、考古学、社会学与宗教学等重新解说传统武术，开创崭新的研究之途路。这岂不是爱好武术的知识青年责无旁贷的天职？

至于军警人员，任务繁重、生活紧张，自不容易将传统的教材内容全盘承继，而又不应当虚伪造假、敷衍交代。只练八极拳的几个套路，怎能具备格斗的能力，以肆应非常、完成任务？在此两难的现实条件下，就要首先掌握八极拳的传习重点，极精准地计算课程与时数，编成八极拳的现代操典，才不至于闭门造车、出不合辙。然后，选拔体格强壮、心志笃实的青年干部，定期学习，克期考试。从中精选人才，任命为种子教练，肩负发酵教学的任务，分别对有关的单位与人员进行长期而且全面的培训。

古老文化能否适用于现代，端看如何去实行精要、确切落实，而不是慕其虚名、食古不化就可以期待成就而天下无敌的。由初学入门而内实外壮，逐渐具备杀敌致果的手段与能力，说明了传统八极拳的系列训练实有必要。不应该以浅尝轻信的不良时风而轻蔑厚诬了传统之机制。原则上，必须遵古实施，而又合乎时代。其目标是使八极本门的宝贵遗产完整流传，现代以及后代的同道，才可以探其究竟，得传统之精华，肆一己之才性。

总之，人是活的，武术是有机的。八极拳的同门同道，无论为了防身、健身还是修身，立雄心壮志，在不失规矩方圆的尺度下，追求自卫、自强与自娱的目标与成就，必定是无边无涯、难测难量的。

本套教学方法是成就人而不局限人的实验新课程。它大胆尝试，绝非定稿；而是一部永不写定，活泼泼、生机无限的实验中途之报告。更完善的文稿或报告，期待两代、三代、若干代以后的武林新秀、八极才俊来完成。

现阶段的实验，愿为喜爱八极拳术的时代青年建造可试遵行的阶梯，也为传统武术现代化的伟大工程提出供参考批评、超越登峰的一个小小的例证。

八极、劈挂

如是我闻：八极之劲紧，劈挂之劲畅。八极之势猛，劈挂之势悠。八极之功架弸撑，劈挂之功架舒张。八极一动，以脊作轴；劈挂一举，以腰为机。八极之功，以深沉为成就；劈挂之功，以畅达为有成。八极所以济劈挂之开敞，劈挂所以辅八极之局促。八极最利埋身短战，劈挂尤可遏举遥击。八极之拳，如铜锤铁杠，勇不可当；劈挂之掌，似薄刃轻刀，矫捷难御。八极似八角大锤，最利于陷阵冲锋；劈挂则快马轻刀，常用以突击偷袭。八极攻中参劈挂，则可以远近无遗，令人无从招架；劈挂守来融八极，它又能长短肆应，敌手无由得隙。八极独练，易令人劲闷，故以劈挂发之；劈挂单操，每使人劲散，则取八极凝之。八极之开声，在鼓荡丹田；劈挂之排打，在锤炼内膜。八极之丹田劲成，可以助我伤人；劈挂之排打功到，可以免我受伤。练八极每觉腿苦于手，习劈挂又感手苦于腿。八极如虎之离山，如熊之闯林；劈挂似鹰之搏翼，似蛇之掉尾。八极似颜真卿法书，浑圆博大，质实淳厚；劈挂如赵孟頫真迹，风流条畅，连翩多姿。八极如菊部黑头，最贵是黄钟大吕之音；劈挂如剧中老末，上者多清发激越之致。练八极之神态，厚重多于轻灵；习劈挂之意味，便捷多于呆滞。八极厚重，又不可流于笨拙；劈挂便捷，尤最忌蹈于轻艳。八极如虎之威猛，劈挂似鹰之峻切。八极多直进之法，劈挂善迂回之计。八极要打得步步如木桩深植，劈挂要打得手手赛蛱蝶翻飞。八极是刚中求柔，劈挂是柔里调刚。八极之功成，当有虎背熊腰之态；劈挂之功到，每具猿臂蛇腰之姿。八极如盛夏酷暑，威厉慑人；劈挂若祁寒严冬，凌凛慄心。八极一攻，其势如山崩地动；劈挂一举，其态若暴雨飙风。八极谓拳即是掌，劈挂则用掌如拳。八极之步，每先锁而复捆；劈挂之趋，多先捆而再锁。八极每取主动，劈挂善应人攻。八极则熊步虎膀，定如熊而动如虎；劈挂则鹰翅蛇腰，击如鹰而转如蛇。八极之含怒未发，则坐腰紧背，含胸曲肘，如弦之引满，如弓之开足，沛然一放，人莫能御；劈挂之蓄劲在我，则开胸舒臂，灵腰松肩，如剪之张股，如龈之启牙，突如其阖，人焉所当。八极一拳发足，犹未催人，则摇肩催步，另以他拳牵掣残之；劈挂一掌劈尽，尚不仆敌，则弹臂欺身，径以此掌反振催之。八极之质实，所以保奠基功；劈挂之流通，所以极肆其艺。八极无劈挂，或难极尽其毫巅之妙；劈挂非八极，尤恐不保其源本之基。八极之传世，已渐叹离本逐末；劈挂因拘守，更可伤将假作真。八极之倡扬，首必须纠订差讹，徐导之而入正路；劈挂之流传，尤有待真人实授，及初始而奠纯功。

综谓："猛如虎，狠如鹰；滑如油，冷如冰。"故谚美之曰："八极参劈挂，神鬼都害怕。""劈挂参八极，英雄叹莫及！"

劈挂掌法述略

劈挂掌之名称

中国语文使用之习惯、修辞之方法，常以两个技术的名谓称呼成套技术之全体。

例如"按摩"，则"按"与"摩"，乃是按摩医疗技术中的两个常用手法而已。另外，尚有捶、拍、捏、揉、搓、提、撑、撕……按摩，是以部分而代全体的简单表述。

在武术中，也常采用这种语文上的规则。比如"擒拿"，"擒"与"拿"，只有两技："擒"是施术之始，"拿"是施术之成。其实擒拿引领着众多同属此类使敌不能逃逸的方法。比如"摔角"，"摔"与"角"，亦是两组技术群："摔"是绊子，"角"是抢把。实际上其中包含许多使敌跌翻倒地的武技。

劈挂掌法也同此例："劈"，是由上而下的动作，主攻；"挂"，是由下而上的动作，主守。

用"劈"与"挂"，不但类举了攻与防，而且分述了上下移动于主轴上的基本掌法，以赅全体。

不过，武人不文，以音代字，本门掌法，也有不同的写法，如批挂、劈刮等，不能尽述。

劈挂掌之由来

劈挂掌法之由来不详。传说数种，各不相同，均无确证。因而，憾无时、地、人各方之信史。

就其技术特长观察，似应是采取拳术中之优良掌法，熟练专精，作深求、作发展，树立风格，更增益以相关内外功而逐渐成形。

时间，应非一代；地方，或历数处；而开宗立派，树威立万于武林者，亦必不止一人一姓。

劈挂掌之近况

劈挂掌在明末的兵书武谱中，已有记述。有清一朝，颇有发展；清末，渐成北派武学之名门。

劈挂流传于北方诸省，而以沧州为主家。沧州实有劈挂数家，亦有参合长拳、糅入通臂等类之支流。

太师父李书文老先生曾得劈挂掌法于名门——黄四海先生系统。厥后，更研发出个人色彩浓厚之劈挂掌。无论功法、套路、应用，均已蜕离故范、别化新裁，成为劈挂掌法发展史上之新里程。

家师刘云樵先生经常强调：本门所传劈挂，须知不同之处凡三：

一是沧州另有劈挂本门，我辈乃是兼祧。

二是技出李老先生晚年成熟之后，精美无匹。

三是劲力储发与攻防应用，均多特别，易学难精。

可惜云樵师生平，公私课徒，皆以八极拳为主，劈挂之传授，未暇多及。

劈挂掌之特色

劈挂掌最明显的特色，当然是纯用掌法。而中国武术家之所谓掌，与常人不同，与外国格斗亦不同。

一般言之，凡所谓掌，乃是手掌之谓。而武家之掌，必指全臂：大臂、肘、小臂、腕、掌与指各部之全体。

如果再作锤炼，更上层楼，则武家掌法之要求，是在达到全身是一掌之最高境界。

武术家喜用禽兽之形、性与能，状描其技。劈挂门虽以俭朴之技巧为名氏，而亦取鹰、蛇为别字，未能免俗。鹰取其两翼，状描双掌；蛇取其长躯，绘写腰胯。

若要全身一掌，自必鹰蛇合演，以身运肢为最主要。而旋腰运臂，必以缠丝。周身圈绕，一紧一弛，似发条又似弹簧。益佐之全掌卷击，一张一合，如皮鞭，又如弹弓。

劈挂掌之套路

劈挂掌之各支系，一般各有套路三五。有径示号码者：一路、二路、三路……而亦有各套路分锡佳名者，颇非一致。

李书文老先生所传、云樵师所授，则仅有两个套路：劈挂架与劈挂掌；分称一（头）路（套、趟）、二路（套、趟）。

似此并不以多为胜之北派武术，并非罕见。一般均是两个套路，叫前后、里外、上下，或径称一二者，均有。

凡此套路不多之门派，常是：一、同一套路，每有不同程度之要求；二、另有单招、小串（数招）之训练；三、鼓励门人编串自我风格之新套路。

劈挂掌亦有融入其他门派参合习练者，如长拳劈挂、劈挂通臂等属之。套路较多，可能因为技巧较多。

至于劈挂掌与八极拳，本系各自独立、内容完整之门派，只因同出一方土上，地缘关系密切，来往较多，就容易参合。

其尤紧切者，则在于二门之功法各有专擅，看似矛盾，却又相反而相成。习武者不一定皆能精挑细选、正确无误地拜入切合一己身心条件之师门，时常只是因为方便，只是为了慕名。其后发觉不能发扬成长，必须弥补缺漏，斯乃有兼修合参之必要与史实。先学八极，后学劈挂者，似乎较多；先学劈挂，后习八极者，较少。再者，个人合参二门内容之百分比率与造诣高低，各有成就，而难以一概。仍在心性之好尚，没有技术之绝对。

需要注意者在于，八极与劈挂仍是独立自足的两个门派。合之，或可以俱美；分之，绝对不至于两伤。八极并非必须参入劈挂始能有成，劈挂亦不期待八极乃为完璧。只看两门之中历代名人辈出，是其明证。

至于李书文先生认为合二门为一体，为其独创，应属武林中之大成就者。真实内容，仍待商榷。

首先，李老先生所传八极、劈挂之比重，无论是"三七开""四六开"，均是八极较多于劈挂，而非五五平分。

其次，云樵师所授之一般生徒，十之八九是八极，劈挂不过十之一二而已。其比例轻重，相去益遥。

最后，习武在成就己身，一如不同之营养，摄取得益，使身强力壮，浑然一体。至斯境后，如何能分何者是八极之教，何者乃劈挂之功呢？

劈挂掌之劲道

劈挂掌之奠基，动作必须以放松为主诉求，逐渐由找劲、懂劲、试劲、得劲而运动，终能成就柔里调刚之纯劲。

吾人开蒙练武，一般已十余龄。日常生活之用力习惯、工作技巧之运作方法，大抵牢不可拔。据此已有之习惯，习练武术，固可学来武术上之新鲜动作，而原有之运动习惯未除，必仍杂糅其中。因而，影响武技之纯净度与精确性，遂不可免。成绩可以力求，只可惜总是用力多而进步少，永不公平。

是故，初学之时，全身放松、不许用力之不二法门，虽非劈挂所独有，确是劈挂所必需。离此，实无他途。

而握拳较易实固，放松便难；组掌自须松伸，利于替换旧习。青年壮士，喜习八极，可惜有人永难入门。永无希望者，正是因为不知道要放松，舍不得那几斤牛力之缘故。或许，这就是参习劈挂，以求松活的目的吧？

理想化之图样，是回返到婴儿期去，重新活过——所有一举一动，一概是以武术原理为动作之唯一指导。似乎舍武术外，不知尚有他法以动肢体。

本门劈挂之掌劲，必须是经过此所谓"换劲"——"换"常人之劲，为武家之"劲"——之阶段。否则，一世苦功，终尽还是门外汉，岂不可惜？

"换劲"之后，再行研磨四个基本之主要劲道：劈、抱、撑、靠。

　　图中所示常是外国 "武术"，以及习中国武术而求速成、谋近功，以体健为依恃，因小有力而惧流失者之形象。

　　练习自然带来进步，只憾进步终极有限。届时，虽不满足，多已太迟。

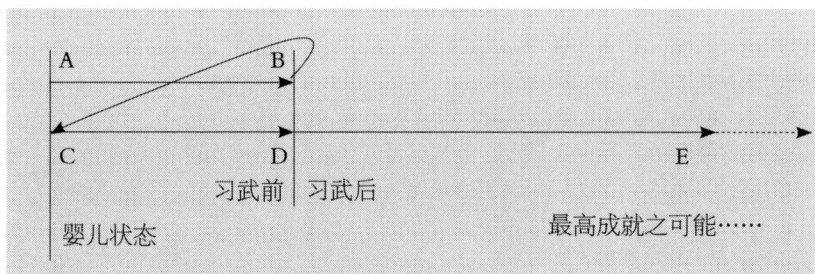

　　本图与上图一样，A 是婴儿状态，B 是习武前后。所异在：不向前进、求刚求猛、要快要强，反而向后倒退、求松求柔、在放在软。C 是重整旗鼓，是再出发。D 亦可以回复到初习武前后之力度，而其力量之质量已大不同，饱含之潜力不可同日而语。E 是示意净化之后，纯依武术用劲方式努力以求所可能取得之成就，至高至大。实线以示与上图之不一，虚线更是难以度量之前路。

　　得此四大劲后，则每一主劲再统属四个劲道，一以化三，子母相乘，为十六把劲：抄、挂、劈、挑；采、抓、砍、抱；推、探、撑、按；捯、削、拆、靠。

　　而不可或忘、时刻在身的缠丝，更将诸多劲道糅成一体，饱蕴深含。触之则发，随遇而应；因境成象，变幻相生；回环通贯，至于无极。

　　本门运掌，痛快淋漓！比如一个劈字，绝不可将下劈之掌自行停止于肩高，亦不允许下劈至斜指地面成 45° 角，而是必须劈通、劈透、劈到底！不但狮子搏兔，必用全力；即使直入己怀，亦正可以拍身反弹，更生次一连攻之掌势。

劈挂掌之功法

本门劈挂，最重基功，有原地站立之掌功凡四、行进间之掌功凡四，为最"吃功夫"。不但动作要绝对正确，练掌练身，而且要计数操演，逐日增添。此外，还要击打标的物。沧县旧俗，讲究用秋后生毫之狗皮为囊，装盛当地之细沙，或空悬，或放置，或贴挂，以操掌行功。更有沙袋床子，则是较大之沙袋，平放于与腰同高之木架上。习者站立至沙袋前，向袋扇打。打出时，身上生劲之出发点，依进境、据程度而有不同。一般有肩发、腰发、足发，长、中、短劲之层次。

练劈挂又极重内壮，必须站桩。桩式，散而为六——高举、低划、里合、外张、上抬、下按，合而成八——合抱、双分。

功成之后，只此两式，可概其余。或因个人得意与需求，加练前六式中之若干，增减在心，亦无不可。

本门之排打功法，分存于基功、套路及单功独训之中。由四肢而躯干，至"罩门"，全身拍打，自力调功。平日，在强壮腑脏，求取康健之生活；应敌，则鼓胀内膜，减免可能之伤损。

此功练来，必与呼吸相配合。由止息驻气之"闭口功"而呼吸兼行之"开口功"，终至于谈笑、饮食，均无挂碍。一旦受蒙外击，自作反射式之回应，保身护体，斯为大成。李老先生浑身似铁，善用"舍身"打法之功底，正在此处。云樵师每述李太老师之指示"他打你，你打他呀！"及拳谚"不招不架，就是一下"之精义，仍在本钱俱足。

本门劈挂掌法，由初始时便习丹田吐纳。无论基功、站桩、套路、排打以及拍沙袋之所谓"狗皮掌"，无处不在、无式不行。俟丹田气聚之后，一是以排打发之，由外而内，分求之于身上各处；一是以站桩引之，由内及外，分遣之于遍体周遭。全掌纵不劈击，亦有手沉臂重之能量；体干倘受攻打，便生如瓮似坛之回音……

至其终极，便是求一个意到、气到、力亦到的一致之局。所谓全身是一掌者，岂止四肢躯干，更含内外精气。真如八臂哪吒，一举动周身是掌，斯可以言应敌。

劈挂掌之应敌

劈挂掌在实战应敌之时，首先要辨明的是：手掌是最常接触目标、发射劲道的部位。其用，真是无所不用其极。除了掌缘、掌根、掌背、掌心之外，劈挂掌绝对用拳，也用指。此外，则突显肘与肩，及容易忽略的大小臂，均要各尽其用。斯能算无遗策，以克敌致果。

本门腿法，直贯天地人（上中下）三盘，横赅左右两门户。全侧、半侧，应敌取人。里合、外摆，兼用腿、脚、膝、胯。而脚尖、脚跟、脚缘、脚面，无不随势出入，全面施为。

至于步法，尤其考究。中门直入之锁法，在开锁启户，排闼直入；偏门侧取之捆法，则看管封逼，关门捉贼。用足蹴人，显而易见，似乎威厉，而其实步法才是取胜之契机，秘而不传。"手似两扇门，全凭脚打人"之谚，讲的不是踢法，正是步法。何况亦必须以步领身，斯可以三盘俱到。中国武术独有之点、线、面、体战法，方能应用发挥，至于无敌。

劈挂用掌，不但攻守可以互变，而且攻守其实一致，亦即：由攻中有守、守中有攻，终至于攻即是守、守即是攻之无上境界。为达如此之高远目标，所凭依者，端在于缠丝劲之培育与应用。

缠丝是圆，而圆中有圈。无终无始，生息回环，开合拢散，松紧擒纵。在圈上言之，则全圆、半圆，一角片圆，其弧度、角度与长度，取之不尽、用之不竭。向圈外而言之，则圆虽无方向，却全具大小诸向。任何方位，可以响应，可以变易；可生可化，去而复回。

更何况，四肢躯干，一身实具数圆，如机器之齿轮油滑珠走，互为正辅锋卫，互为佐使君臣。一处动，诸处动；一处走，处处随。吞招化劲，解劲进式。小扣则小应，大扣即大鸣；如响应声，如镜生影。必先舍己由人，自然无往不适。缠丝之用，真正是无穷无尽。

劈挂掌法之所以能致杀伤，其劲力之投递，亦不出于撞击与穿透两大类别。其中人之方，则有直接与间接之配置使用，而亦非不可以混合并行，使人莫御。

北方武学，有"打诀"之说，换言之，发劲是也。所谓"打单诀""打双诀""打三诀"者，即是能毫不间歇地发出多少劲数之谓。

李书文老先生以"三诀"名世，所向无前。毙敌致命，不能"掐手"（中途自制，适可而止）者，实在是劲发连珠，同在一击之中无法用忍之故。

云樵师每每自叹：一世用功，只打了个"双诀"。仰视李老先生，自惭虽肖难及。

其实，打拳只演套路，功法不练，用法不会，何能发劲？何致伤人？中国武术之在今日，非但求一能"打单诀"者不易得，就是尚知一己"打"不出"诀"来，只怕亦非容易了！

八极『三高』不可攀 *

年轻的八极拳同好，错找上我，问道于盲。

他们殷切关注："为什么打八极拳的人那么多，却没有人打得好？"又说："只有自大，自以为是。只有门派，师承班辈。而其八极拳的修为造诣与其功力不符，令人难服。"

这些，都是负面的评述。而且，他们心中已有结论。我只能听着难受，不便多言。

他们又诚恳地探问："到底八极拳要怎么打，才能打得好？"

我很为难。

因为，这几位有志青年打的八极拳，同被他们怀疑、批评的八极拳，其实并无二致。

于是，就安抚他们说："你们都已经会打八极

———————

* 本文作于 2008 年。

八极拳 "顶心肘"（摄影：玛丽·安东尼）

拳了。见闻也广，资料也多。也常表演，又在教人。今后打拳，只要注意有三个'高'字不要犯，就行了。"

他们急切地追问："是哪'三高'？"

我曰："血压高、血糖高、血脂高！"

哈哈大笑声中，气氛是炒热了！他们一致认为我有幽默感，"爱说笑"！

我这才告诉他们，这三个绝对不可触犯的"高"字是："高"手动作，绝不可学；"高"龄动作，绝不可习；而"高"智商的聪明动作，绝对不可以去研发！

下面，请允许我先说故事，次谈往事，最后则是今日触目惊心的八极传习之怪事。

小故事是：有一天，我学打"大八极"中的"撑掌"。刘云樵老师再三演示、说明、纠正后，进屋抽烟喝茶去了。

我在院中努力，一时三刻自不可能马上练好。一旁围着些观看的左邻右舍（大多数是退伍军人），人丛中迸出如炸雷般的一声："你看徐纪这掌，打得比他老师好多啦！"

当场，我没有被吓死，也没有冲上去揪人家脖子质问。只是，回家的路上，心神恍惚……而当晚，就自以为有了答案：那些人懂什么武术？有的从来没有练过武，有的是"小时候在家，俺也练过"。其后，早抛到九霄云外！他们两眼乌黑，懂什么好歹高低？

于是，我心平了——我没对老师失礼不敬，没有僭越；气也和了——我找到了因由根芽：他们外行。

至于真正了解那天下午发生了什么事，乃是过了许久许久之后的觉悟。说来惭愧……原来，刘老师在打"撑掌"的时候，左手一扣，为引；右掌早已伏在身前或半尺（当胸），或一尺（肘底），又或是尺半（左掌腕下）之处，撑击而出。好像没有旋转，似乎也不缠丝。

而"少年英雄"我呢？求好心切，高手梦殷。谨遵师命，不敢或违。右手必在乳后腋前，掌心朝天；出掌之时，肘必擦肋，六度翻滚而至掌心向地；发劲时则指尖先点，掌根必吐，上与背接，下与步应。

至于那引路开门的左手呢，老师说："随便。"随便就是全臂一沉，或是引肘向后一曳，也可以是翻臂上扬，高架过顶。"全行，随便！"不随便的是，随便怎么摆弄，都要能助右臂之势——上发脊背之力，下踏三尺黄泉。

我容易吗我？不拼命行吗？敢有一丝一毫自以为是吗？

回头再看老师为了教我而亲身示范的动作，在芳邻们"旁观者清"的眼中，却常常是局部的、不完整的，懒洋洋的、松垮垮的，口说指划、瞻前顾后的，精神都不集中——要教我，那就不能集中在他自己的身手上了。

他们那没有经过训练的眼睛、一般人的观察之解读，与我之所知所见、所努力摹习的，天差地远，判若云泥！

我所见到的老师的"撑掌"，下边是八极拳的"熊步"，落地生根；上面是八极拳的"虎膀"，力由脊发。由涌泉直透劳宫的劲力传输，本是人体最远的距离，如南北极，老师比画起来，竟然是一体浑成、全无间阻。体内运转如串珠，形神俱到似炸雷！好不惊人，好不令人羡慕、向往而难以自禁哪！

有道是："小故事，大道理。"我在那某年某月某一天的"撑掌"学习中，得到的教训有三。

首先当然是：正确的"撑掌"，必须是如此这般依式依样切实练习、全力奋击的。

其次，高手示范，同是此招——"撑掌"，打来竟然如此之不同！不过，不同的只是外貌，其原理原则完全相同，只是高不可攀。

最后，也是最紧要的乃是：为学不可躐等，武术尤重真实。"撑掌"必须累聚一次次的苦练、一天天的坚持，才能一分、一寸、一步步地慢慢提升。

如果初学乍练，怀着崇敬之心、孺慕之情，捧着刘老师的照片也好、视频也罢，冒冒失失地照猫画虎、比手划脚，自以为得了真传，期望成就，不敢做好汉，只想当高手的话，那就根本不是练武，乃是梦游！

说到老师的照片、视频，我也珍藏了一些。从前，拍摄并不普遍，自己的财力也不容易办到，因而，数量不多。

时代进步了，岂唯摄影，更有互联网流通传播，照片视频早已泛滥成灾到无孔不入的地步！

泛滥，是失了控制，不照河流沟渠的管道来，故那是人类文明史上不争来早与来迟、无可规避的大事。而成灾与否，则在于取得这些照片的个人使用这些影片的心态与方法——或是当下成佛，或是自愿做鬼的眼前勾当。

也就是说，同样是这些影音数据，用对了，就是补药，增益其所不能；用错了，就成毒药，变成慢性自杀！可怕又复可怜的是，此事一旦发生，往往群医束手、亲友词穷。只因为练习者有图为证、振振有词：刘老师就是这么练的，我有错吗？

在此，先说照片。照片照的，有一招已成之完成式，有一招未尽之过渡式。已完成的姿势，照起相来大致不差，足为范式。你看那照片上的大师，功行圆满，法相庄严。不见来时路，莫问前因由。赞叹也好，崇敬也罢，却不知道是怎么来的，因而，必须要有分解。

然而，分解动作的过渡式呢？亦以前述"撑掌"为例，则必先有引弦未发时之一照。只是，此弦竟然有引到饱满（胸前）、只控半满（肘下）与三分之一满（腕底）之不同！请问，该学哪一个？

有人说，照片又不会动，只是供人看看的，要学嘛，就得找视频。那就请以"小八极"中一个招异名同的"撑掌"为例来观察吧！而且，这次不看手臂肩背了，改看腰胯腿脚的问题。

"小八极"中这招"撑掌"，其"下盘"是由"仆腿式"上升、前移构成"弓箭式"的。"上盘"则是左臂后扬成钩手，右臂前伸以成"撑掌"的。至于"中盘"，因为是左腿右臂在前，形成了所谓的"拗步"（同侧手脚在前叫"顺步"），因而腰胯肩背必须拧转，以使右胯右肩居前、左肩左胯在后。当然比较辛苦，而锻炼正是藏寓于此。

刘师晚岁，年事渐高，名望亦隆。有时随意比画，并不详求。一个"撑掌"，在将成未成之际，纵容右后方的腿脚腰胯向右略为撇出。如此，则较不辛苦。

自然，大师随意示现，无不珍贵。然而，身法的训练就不见了！

明年，就二〇〇九年了！我痴长六十九岁，真正是望七之年。视茫茫，发苍苍，齿牙动摇。回首当年，方我少时，奉手刘师，学练八极之时，老师的年龄可比我现在年轻了不止十岁呀！

刘师是何等人物，何等身手？他那种一举一止、一蓄一发，是怎样的精准凝练、饱足圆满！

我很幸运，追随老师的岁月很长，就算是出国远寓，每度回访，没有不尽量提出疑难、恭请鞭策、提问心得、求证师门的。

自然而然，我亲身目证了刘师的喟叹："不行了，不行了……四十岁打拳不如三十岁，五十岁就不如四十岁，六十岁真比不上五十岁啦……"

这期间，我仍在学习、模仿、亦步亦趋……也是自然而然地，我多次临摹了刘师的动作与神态，而没有任何一次不被他喝止、纠正！"错。""没做对。""这可不行的！"……甚而至于："我这样打，你不可以这样打！"

还需要多说吗？这不已经是现身说法了吗？

往事如烟，教训则仍在眼前：驼背弯腰、老态龙钟的，绝对不是八极拳的正宗风味！

千古绝唱八极拳，最讲究虎背熊腰以立身、熊步虎膀以练功。其勇壮无匹的打法，最紧要处在埋身直入、舍身直杀！

再怎么说，天下哪有年轻力壮的小伙子，装模作样学老人的武术？这算是哪一门派的功夫呀？

照片不足信，视频不足据，还是得向师尊本人学呀！

草此小文的动机，是意外蒙受几位青年八极拳家之垂询。而撰写起来极不顺畅、更不舒服的原因，则是坦然直言自家本门的人与艺。我非太上忘情的圣贤，提笔千钧，又哪里能不难过、伤心……

特别是，写到了高龄动作不可学时，多次寻看收藏的老旧照片与视频。岂止耽误进度，根本屡欲搁笔！

无意间，居然翻到一套我自己练"小八极"的照片！

起式

双抱

双伸

蹬腿

顶肘

指路

双展

探掌

托天

观风

避裆

双栽

大缠

弸捶

小缠

冲捶

连捶

撩捶

问路

下势

展翅

独立

圈掌

弸挑

闯掌

连掌

顶心

收式

　　这套拳，拍摄于十三年前。当时，我五十六岁。记得很清楚的，是当日深刻的慨叹：这真是蒲柳之资，望秋先零哪……当然，也有羞惭，也有不甘，也糊涂地不免乱想：我再练练，等什么时候重拍一套！

　　如今，我清醒了，无论这套拳还是那套刀，随时可以重拍，毫无疑问。拍来更加不如十三年前，也毫无疑问！

　　也罢，就将这套"小八极"，随文刊出。我"坦白自首"，你批判从严，一同来寻求真理吧！

　　特别要说明的是：有几处重复的招式，省略了；有几个向"隅"（45°）的动作，调"正"了；而更有几个不知何故，留存在"小八极"这初级套路中的高级练法，回归了；并且以上三点都得到了老师的检验、同意，老师奖誉我说："本来应当这样！"

　　接着，再谈那最后还要一说的高智商动作。先请回述：高手动作，初学之人不可学，是因为——难。程度没到，学了也是假的。好比小学生，使用博士班的教材，这算什么名堂？

　　而高龄动作，年轻之人不可学，则是因为——逃避其难！年老长辈力不从心，无法勉强，而且，此处虽有小瑕疵，仍然不掩大瑜。如果年纪轻轻就瞎胡练，把所应有，也是必须有的训练弄不见了，趋易避难，等到养成习惯，改也改不了，就回头反咬一口，入骨三分，硬说如此如此是真传！天理何存姑且不去问，八极拳是一定存在不了多久了！

　　好逸恶劳，本是人类的通性。练拳不想吃苦，就同赚钱不想吃苦一样，早成时代青年共同奉行之"天职"、之"义务"！

　　有些拳派，其训练是采用徐徐入手、渐渐到位之方式的，是循循善诱而使人欲罢不能的。偏偏，八极拳正好相反。八极拳所采用的启蒙功夫，打头上起就同时包含了严格淘汰的入学考试在其中。身与心，不合本门要求的、不喜本门旨趣的，不如罢去，以免两误。

何况，一百年前，武术是用来拼命的。不合则去，君子自重。切忌顶了一个大门派、大名师，却完全不能吃那份苦、练那种功！这在古早，可是性命交关的买卖呵！

时代，不同了；武术，没用了。聪明过人的青年才俊，绝不是有意作弊、存心为恶，而完全是自然而然、不费吹灰之力地，就把八极拳中一切艰难的练法、所有精密的要求，清洗了个一干二净！还剩下什么？还练些什么呢？还剩下空洞的套路。

专门演练空无一物的套路，就不是练武，而是在进行一种崇拜仪式。一趟八极，连打八次也不累，还以为是菩萨保佑。其实只因身法全无，乃处于半休息之状态。

请千万不要忘记了"三高"呀！血压高、血糖高、血脂高的话，人不一定会死。"高"手、"高"龄与"高"智交乘作用在一起的练法，八极拳却是要死定了！八极"三高"不可攀哪，那是危岩、是宝岛地质最多的泥石流！

年轻的八极拳家要告辞了，一个个心中忐忑、脸上惶惑……而我实在爱莫能助，只顾陪着难受，真是令人不忍……

因为他们的诚意，不好意思敷衍，说什么"你们本来就不错，又能够不耻下问。你们可比大多数的八极同道好多了，真是太厉害了"之类。

正相反，我也诚意十分地奉上一把金钥匙，曰："练身体嘛，哪有不辛苦的？打拳、跳舞、游泳、体操、田径、球类……你说吧，全都一样！所以呀，归根究底，这所谓的'三高'，全归在一个字儿上头——懒！"

高手动作，是千锤百炼之后的简捷。我不锤不炼、画虎类犬，是懒。高龄动作，是不得已。高手筋骨的萧条虽不可取，神情气宇与那身手组合之精密、攻防意绪之洗练，仍然是令人叹美、足为法式的。我呢，如果只看到那份老态，就见"劣"心喜，依样画葫芦，那就难怪会顺水推舟，自甘下游地研发出无穷无尽的"高智"动作来了！

聪明，是好的。聪明而做坏事，就叫奸巧！而奸巧是用来打击敌人的，比如兵不厌诈。兵者诡道也，没有听过以诡诈之道来伤害自己的！

打拳练功的道理，小；做人处世的道理，大。虽然大小有分别，但原则是一样的。切记，想练好八极拳的话，就千万不可以因聪明而生懒惰之心，由懒惰而生"三高"之法哦！

唉，武术不好就算了，千万不要年纪轻轻的，就把心术给打坏了！还是那句老话："聪明反被聪明误，侥幸成功自古无。"

八极『八疾』不可犯

最近，喜获良缘，拜观了大量八极拳的展演。

虎跃龙骧、各擅胜场的个人与团体，包含了老、中、青三代，民间、机构与学校，再加上来自亚、美、欧各国的人马。具代表性，足可依据。

大饱眼福之余，兴起一念，颇想追随在这一支雄伟的大军后面，稍尽绵薄。

当然，老一辈已负"大师"之誉，毋庸窃议。而少壮的热血青年，纯良诚挚。我做此举，消极的，点出一些小小的毛病；积极的，正是期望他们大大的成就呵！

于是就试从下盘、上盘、中盘而全盘地札录下以管窥天的个人浅见，就教高明。

写定，自己数了一数，虽云皮毛之疾，竟有八种之多。这就难怪有人慨然批评说：好好的八极拳，怎么给打成"八疾拳"了！

"跺步"如腾云，"拖步"如溜冰——下盘

中国武术的训练，是"全人"的，即身心兼顾，上、中、下盘"一体成型"。因之，功力必须以下盘奠定基础，而后向上升行。如果先操上盘，就不行了。

八极拳的特色之一，正是下肢奠基的法门：外，则打"跺子"；内，则走"熊步"。如果有外无内，"跺子"山响，赛如打雷，疑似地震，即便功夫下得可观，也仍然是门外不入的表面文章。

青年八极拳家的"跺子"打法是：

一、只提膝盖，局部弯曲；不提腿胯，全肢运作。

二、脚掌提高踏地——何处是"八极八极，脚不离地"？腰胯不沉，骨盘不坠——怎么叫"八极招招不离胯"？

三、意念上珍爱地球，动作只到地表为止。绝对不"搞破坏"，十足的"环保战士"。

练习者如果曾经获得"熊步"的诀窍，一定明白，所练不是筋肉，而是意念。不在巨大的声响，而是内劲的探寻、获得与传送。

八极拳入门第一的下盘训练，是内外合一、相辅相成、不可或缺的。

时代青年聪明绝顶，而越来越不能吃苦。喜欢八极拳当然好，偏偏八极入门很辛苦。特别是下盘，确实要比其他门派更令人煎熬。而这，正是八极拳考试选拔的把关法：不行的，就剔除。古时候，武术是要拼命的。不要以名门名师来自误自欺，否则可能会祸延一家、一乡，甚至于是社会国族。

时代真个不同了，有些小青年不但没听过"熊步"——有真有假、或正或误，就连"跺子"，也不肯打了。

其巧妙技法是把脚丫子高高提起，轻轻踩下，一起一落，纯熟自

如，潇潇洒洒，如腾云驾雾，真是令人瞠目、佩服。只不过，这么练，八极拳中的"沉坠劲"可就永不可能练成了。

八极拳又非常讲究"拖步"的功夫，有练有用。练的，是功力的养成。它不只是腿力的强壮，更要结合各式不同的"跺子"，锻炼由下而上的内劲。用的，则是实战之时，一旦接敌，紧盯不卸、分寸拿捏的自动化调节机制。

时代青年打"拖步"则是：

一、前脚跨步大而远，基本上说是好的。

二、落地之时呢？则纯任自然。没有要领，没有各种各样不同的"跺子"，实在是够稀奇啦！

三、至于被拖的后脚拖移多少呢？则是自然加偷懒。常常拖得太靠近，而且没有命意，全无作为。

当然，他们确实用功练过的。打来顺畅，信心十足。特别是地板与鞋底摩擦平顺之后，有时步步连拖，真如溜冰场上的风光。或因用法早已无预于战场，"跺子"可以不真练，"拖步"也只剩下个虚像了吧。

吞吞吐吐做招式，伸伸缩缩练功夫——下盘

拳术之所以树立门派，当然必有其特色，而特色绝非外现之形象，乃是攻防之用法，与为了要遂行如此之攻防而调配设计出来的功法。因此，想要认识一个拳派，不是去计算它的套路与外形，而是观察它的应用原则与锻炼方式。

八极拳的格斗哲学及其衍生出来的技巧，乃是"步步前进，天下无敌"，乃是"身如泰山稳，先入虎口中"，乃是"打拳如走路，看人如蒿草"。总之，打八极就是要练成"拳去不回，打垮为止"、绝对强势、绝对拼命的手搏之技。

所以，八极拳的换步，要求上一式之前脚，必须落在原地或稍前——分毫不许后退。而且，运作之时，此前腿的体重承担，绝对不可丝毫输送给后腿。前膝绝不松放，正误易见，一望而知，除非根本无知。

时代青年打八极，似乎随时随意都可以转移体重。吞吞吐吐，如他们日常讲话的语不成句；伸伸缩缩，像他们做事的不愿负责。打拳，是真的可以反映性情的。

而似此忍心害理，将八极拳之灵魂抽离的打法，就不只是污蔑八极拳，根本是在毁灭八极拳了！

打拳不如猫狗，出手"自寻短见"——上盘

虎，是猛兽，又能吃人，人人畏惧。难怪练武之人喜欢老虎，老想跟它们扯上点关系。于是，有手形——虎爪；有招式——猛虎下山；有套路——黑虎拳；也有门派——虎拳（门）。

只是，除少数杰特之士外，大多只是人学动物的"模仿秀"，而不知道武术之所以仿习众牲的精义之所在。

八极拳打一个"熊虎二形"，"熊步"已略述于前，而"虎膀"则是上盘由背而膀再到拳掌的一道秘传功法。这个功法的锻炼要点是：

一、"力由脊发"，绝不可以做两肩两臂捅两拳的动作。

二、绝不分别左一拳、右一掌地个别操作，同体一身却互不相识；而是左以动右、右以发左地前后、内外、出入的攻防配置、救援呼应之原则。

三、有了上盘的成绩之后，才能承接下盘传来的劲道，上下齐一，达到"全身一拳"的基本操作，才有希望达到最高的理想境地。

等到习得"虎膀"的实际操作之技后，就知道所谓虎啊豹啊，不

过是武人喜借猛兽形象以自壮大的一种习惯而已。要紧的是把人练好，不是真学什么龙虎鹰蛇。其实，就是看看自己家里豢养的宠物猫狗，逗它们追逐、游戏之时，注意它们的肩背与前肢的动作关联何在，则武术中难觅难求的所谓秘诀也就真相毕露了。

从今以后，再也不要说什么"画虎不成反类犬"了。拳打不好，那可是猫狗不如啊！

那么，要送给年轻八极拳迷们的建议，似乎是先去领养一只猫狗啰？一定可在增添生活乐趣之外，还对打拳练功具有积极性的意外效果呢。至于消极性的警告呢，则是拳也掌也，务必先从小学教材打起，然后中学，终至大学。练功，不适合着急；求学，不可以躐等。

幼儿园的小可爱捧读博士班的教材时，是一幅何等滑稽的画面啊！博士的读物，却是孩子的"毒"物！明明是前途无量的年轻八极拳家，怎么忍心让自己去虚伪地模仿高手练拳，而牺牲掉自己原可拥有的光明未来呢？

须知高人出手，外现似短，而其实极长——乃是由后脚跟到前拳锋之人体最长的距离，而且，其所运作的，是内劲缠绕的曲线传送。名人高手出拳之时，随意挥洒、伺机而动，不论拳掌离身以及敌身目标位置之远近。

小青年爱慕高手是很自然的，应鼓励的。但是，学贵有序，不是"看着葫芦画个瓢"的似是而非，否则自欺而不能欺人，必定会落一个求荣反辱的反效果，多年血汗一场空。

拳打得好，当然好，而且是越来越好。打不好，尚未好，也没关系。只要天天打，打得对，慢慢就会有所提升。但是，虚假地、自毁式地学习高手，每天打拳如演戏，就等于慢性自杀，永无进步之可能！

"一丝不挂"当交警，自动缴械搞神拳——上盘

所谓"缠丝劲"，本是中国武术各门各派通用共有的基本技法。如今，武术没落，真意不彰而邪说竞起。有的主张"缠丝劲"专属某拳某支所独有，别人都是学它的；有的则把"缠丝"二字诠释到高妙神秘、不可方物之境地。

其实，古时男耕女织，在家家养蚕取丝的工序中，人人熟见那抽取丝头、缠绕采集的步骤。武术家举日常生活中的熟悉活动，来解释习武练功时的重要原理，取其方便而已，不必大惊小怪。何况，"缠丝劲"也好，"缠丝经"也好，"缠丝精"也好，全都是要练的，是要通过慢慢实践、体会，不断摸索、纠误，而终至"身通六艺"之技术的，与只说嘴、辩论、著文、出书是不相干的。

八极拳极其讲究"缠丝"。任何人可以尚未练成或是功力不高，然而绝对不可以不练、根本就不知道要练。

到底应当怎么练？

练"缠丝"，是从手练起的，只因为手最灵活。手脑结合，以心使臂，来做各种各样的动作，较容易得要领。等到有了体悟，则循此理法，八极拳由上盘而续练下盘内缠外不缠之术。然后，再上下合参，而逼练中盘，终使其至于"周身大缠"的终极目标。

是故，即使初学乍练，"缠丝"岂可不练？虽然练得不好，总要努力追求，以期逐渐地进步、提升。切不可像现在的青年八极迷，拳也掌也，全部平铺直叙，直去直回，不滚转，不回环。一整套八极打下来，咦，怎么有如上下班时，十字路口比手划脚、指挥交通的警察？

八极拳就是实际拳，不玩假的。废话少说，打拳来看！没什么玄理，只讲求实学。其"缠丝劲"的训练，有方法、有程序，简单易学。虽然功力深浅，成就在人，但是只要依法行功，就一定会有或高或低

的成就。除非下定决心，就是不练，那就只得由他。

时下有部分年轻朋友打八极，除了不练八极拳中必须具备又极其讲究的"缠丝劲"之外，更常常极其"聪明伶俐"地把许多辛苦的打法，给悄悄转移了、统统抽换了。

打拳嘛，节奏就是一发一蓄、一蓄一发，是又蓄又发，再发再蓄的连续反应。蓄势要足、要充分，而发则首贵在忍，忍到不得不发之临界，然后沛然一释，莫之能御！今日青年八极拳的这种打法，竟然将招式中的各个动作，一律平等对待、一视同仁。没有界定，就没有分工；没有作用，就没有意义。

这在训练上来说就是：

一、不追求发劲，就不是武术，而像体操。

二、前置性地先将锻炼的重点取消，临执行时又将紧要的结构放弃，则做了等于没做，除了自我欺骗。

三、躯干自愿居于无感状态，拳脚再怎么辛苦也是白费工夫。

其在应用上的怪象则是：

一、没有前手，不防不御。这就是自动缴械，不战而降。

二、不开敌人的门户。所谓"开拳"——八极拳之另一名谓，所谓"开门八极"，全成虚语。

三、后手攻人之时，自己出拳如孩童。

低头弯腰找东西，虎背熊腰不可寻——中盘

拿体育、武术的事例来看，西方人好动，动的乃是筋肉。借此筋肉之劳，获取一些心肺功能的改善。识见浅小，以为得意；大小比赛，热闹非凡。

然而，太粗糙、走极端，追逐名利，出卖健康。冠军、奖牌得主

们的一身伤痛、难享天年的惨痛事实，与他们的比赛成绩同样令人瞩目。

头晕目眩、脚步踉跄、方向难辨的国人同胞"西"向而望，不见"东"墙，亦步亦趋地追之唯恐不及。

宝岛台湾的民间武术、社会武术，正在沉闷中急速消亡，势不可阻……而官学两界的武术，早已一跤跌进套路的怀抱。

至于八极拳术在台湾，主要是在青年知识分子中流传。是故，八极拳顺应时代之潮流——自然西化了。大学生嘛，身上早有自动内设之装置，虽练习而不讲究，求简易、尚西洋，不费吹灰之力，即可离谱出格。

例证吗？比如：

一、低头俯首，斜眼视人——完全不调脊柱！

二、上无顶劲，中不竖身——完全不调脊柱！！

三、驼背弯腰，夹脊与命门不通；各自为战，左边与右侧无涉——完全不调脊柱！！！

最主要、最根本的是——学外国人练筋肉，而似乎完全不知道中国武术练的是骨节。骨节主操，而筋肉随之。两种主功能的取向不同、差异两极，中间隔了至少一个太平洋！

八极拳讲究"虎背熊腰"，不是成语——以描绘膀大腰圆、半截儿黑塔似的傻大个儿之体态，乃是真正有着练习上的要求，是要在如此要求之下练功打拳才合乎八极武术的原理原则，才可能逐渐地向下深入、向上提升。虽说功法宏深，似无止境；其实，入手开蒙，简单明了。就看当代青年知不知道、相不相信、肯不肯做而已！

比如说这"虎背"，不过就是一个脊柱挺直而已。

脊柱打直，就如同钢琴——西洋乐器，靠了它，才能定立音准，组大乐团——琴面，先要调定那个中央 C，然后右手趋高、左手走低的黑白键才能有准、才能设定。

有了这个直立的脊柱，更要能与心意建立关系，而后才有可能做出或弓或射，或左转或右拧，以及柱柱拉拔、节节迭压等身法锻炼。

举例来说，也就不至于荒唐地把"大小缠丝"给练成了擒拿手法——虽然擒拿确有"小缠""大缠""反缠"之术。八极拳中所谓的"大缠"就是"身缠"，有拧转、有压缩、有惊炸——练的是八极拳中极其要紧的"十字劲"。而"小缠"则是"臂缠"，必须研练脚步、躯干、胳膊与拳锋的连锁反应，也就是以步逼身、以身催臂、以臂出拳的身手关系之组合与建立。

至于"熊腰"，首先就要了解，它绝不是没腰，而是要练习外不多转、多转则斩与外定内转、形安势急的操作策略。

腰椎是插在骨盘里的，似不妨将二者喻为爱国西路与重庆南路的十字路口。前丹田、后命门，地位冲要，为练功之枢纽。

熊的腰，不是不活，而是相对稳定。不是左右扭转以为能，而重要的是能上下贯通，才是好本事。练武之人的腰，如果太活了，得意于左右转动的角度，就必然在一招一式、一举一动中，将上盘、下盘连贯一致的可能与必须齐腰斩断！

上身与下身结婚，前胸与后背离婚——中盘

眼看着一个个、一队队的青年八极同好展演绝技，真令人不敢相信自己的老眼！只因，单人的表演或是团体表演中的每一个人，明明是一个人，却都如魔术一变四，个个都幻化成了四个人，分别是：

张三：上半身；

李四：下半身；

赵五：前半身；

以及——

王六：后半身！

青年高手们的志诚与努力，是不容许轻忽与侮蔑的，因为他们确有很奇怪、很惊人的"成绩"。

打比方说：如果上半身的张三是先生，下半身的李四是小姐的话，则经过他们长期认真的恋爱追求，张三先生已经同李四小姐正式结婚，组织家庭了！

结婚嘛，一定是张李二府乾坤两造的大喜之事——仍然是两个人。再怎么亲密的结合，先决条件必然是结而合之，明明白白地标示着：不是一个人的事儿。

练武——中国武术——的基本要求却是，必须是一个完整的人，全体投入而从事之，绝对不是用了许多功夫、费了许多心力，努力地把上身与下身配合得天衣无缝，而落一个抱歉之至的大遗憾——从根本上彻底打错了主意！

再打个不太贴切的比方吧：练武，不是成家，而是出家。

出家的目的，是把你一个人——完整而孤单——给修成正果，然后再普度众生。成家呢？是男女双方，百年好合，家庭和美，子孙满堂！

成家与出家，是方向相反的。人人可有自由的选择，却绝无能力去颠之倒之、以此作彼的。

下面，该谈谈人家赵五、王六了。

原来呀，这赵王两户人家，本是芳邻。好比说这赵府是前邻吧，那王府就是后居，乃是共享一堵墙壁、鸡犬相闻、前心贴后背的两家一体之关系，本来一直挺要好的。后来呢，也不知道是赵家包了饺子，没分给王家品尝呢，还是赵家周末的麻将桌上，王家偷了张牌，两家红了脸，进而彻底闹翻，终至于老死不相往来了。

都说远亲不如近邻，而包饺子、打麻将乃是小事儿，还能为这点儿芝麻绿豆拧成这样？至于吗？

那么，就一定是有人在中间搞破坏，彻底分裂了这难得的前邻后居之关系啰！

若问："炮制祸害的坏人是谁？"

曰："尚武青年哪，成群结队的，没瞧见吗？"

再问："他们凭什么本事？"

曰："打八极拳哪！你没来看表演哪？"

如果还有笨兮兮的三问："真的假的？"

那就不必回答了，自己去看嘛。

光天化日之下，人人可见的真实是：若辈年轻小伙子打拳，只有前半身从事，后背置身事外，全不参加。无论怎么踢呀、打呀、进退、起伏、纵跳、回转……好像事先规定好了，只允许半个人——前半个——可以工作，而后半个不许进来，只许旁观。完全没概念，不晓得任何门派都要从后到前，是先有后半身，再推及前半身的！

如此这般的赵五、王六恩怨芳邻，再加上前述的张三、李四恩爱夫妻，一人而化四人！这是何等的神通啊？

八极拳当然不可以这么打，任何拳都没有这么玄的打法。这根本已经不是拳术了，只怕是"仙术"了吧？而"仙术"高妙，当然不是肉眼凡胎、只知打熬筋骨之人胆敢妄议的了。

只设终点无过程，误将姿势当动作——全盘

青年八极拳家还有另一极大之特色是：只肯摄影，而拒拍电影。

也就是，他们只当平面媒体的模特，而下定决心，绝对不接电视广告模特的通告，虽然片酬一定比较高。

还不清楚吗？小青年们打拳如拍照，一个一个地摆"破死"（pose，姿势），十分到位，艳惊四方！而不演电影的意思就是，不做"爱可生"（action，动作）！虽然他们一直在"动"，但那些汗下如雨的"动"，却是不算数，也完全不能够谈是非正误的。

武术的招式，兼含动、静。

动，是动作；静，是姿势。姿势，是动作的终结点、目的地，以及下一个新动作的发动处、起跑线。而动作呢？则是前一姿势与后一姿势之间的桥梁、航线，无论是乡间小道，抑或是高速公路。

当然，打人是靠动作的，姿势只能吓吓人。所以，动作才是一个招式的灵魂。而姿势嘛，则好比是肉体。灵魂也不可以没有肉体作为依附。

不必再设譬为喻了，没有动作地摆架子，不管功架摆得多么美、多么好，那都叫作——魂不附体！

速度忽快忽慢，身手不应不合——全盘

中国武家喜欢沿用古老哲学上的名词，一方面勉强解说原理，也可能曾经试图慢慢地建立原理，至今"革命尚未成功"，同志仍在打拼中！另一方面，却又同时借此玄词而大放烟幕、故示神奇。隐蔽了多少诀要、原则，牺牲了多少可造的英才！

这些个常被引用的词语又多由两个不相同、相矛盾又相反相成的字组成，如：阴阳、乾坤、虚实、刚柔，等等。相当遗憾的是，没有使用"宇宙"与"世界"！原因不清楚。

时下的一般说法认为：宇宙，就是太空、外层空间；而世界，就

是地球、人间。在人间关系来说，世界差不多等于国际。而人类与宇宙中的人之初接触，则尚请稍候……

其实呢？请来一看：

宇：上下四方——空间也。

宙：古往今来——时间也。

世：三十年为一世，是时间。

界：东西南北为四至，是空间。

对应在武术锻炼上，则空间是摆架子。时间呢，就是全身各处动作速度快慢的协调与经营了。

若说此事非易，当然。然而，不能因为非易就不做了、不努力、不从事，又或是假装不知道。

武术对于时间掌控的严密要求，是确实提出且一直强调的，是不可分秒无此君的——除了以武术为体操，而其提出的方法，则是要求结果：看成绩、算总账。

也就是，必须要细密地经营时间、处理动作，以达到"千里来龙"之时所要求的一个字——应，以及"到此结穴"之时所要求的——合。"应"，是"呼应"，是上、中、下盘此呼彼应，是在运行途中的讲究，用以保证动作完成时正确而且强大的效果。"合"的意思呢，则是上、中、下盘，内运外动、发劲功能与杀敌意志，必须一同聚焦爆发于同一瞬间之谓。

是故，做动作时，除了方向、角度、水平，以及攻也、防也，或蓄或发等空间上的正确比画之外，时间上的精准实在更决定着一个武术动作的成败与效果。也就是说，空间处理得再好，时间拧了，全盘皆空！须知：空间，只是人类活动的环境、舞台；而时间，才是生命本身。

问："小朋友，今年几岁？"那就是时间，没有还价余地！

再问："你住哪儿啊？"则曰："哦，我明天就要搬了。这学期搬三次了，没办法，省钱嘛！"像这种次要而且多变的，是为空间。

青年八极拳的练法，因为舍弃了时间因素，而只顾及空间，赶不上趟儿，就必然出现：

一、下盘腿脚因为做功距离短、地心引力强而先到站，上盘手臂经常误点。

二、中盘因为不知道也要参加营运，所以车辆根本不出站，当然开不到目的地！

三、手臂的运使虽然已予自暴自弃地简化，但仍然赶不上腿脚。然而，习惯成自然，见惯不惊怪。不配合、不呼应，却练来流利顺畅、挥洒自如——坐实了锻炼的谬误，保证了心愿的落空！

总而言之：武术招式去掉了时间成分，就不可能发劲；不发劲就没有杀伤力，就是体操；是体操就不能作战，也就根本不是武术了！

后语

天地之大德曰生，孔孟之儒道尚仁。仁，就是果仁，也就是生机，是天地间可以开花结果、繁荣传种的至高能量。

武术虽是小道，也是先人数千年来流血牺牲、肝脑涂地的心血结晶。吾人殊胜因缘，侥幸获致一二，怎能忍心害理，阻挠修行的途路，扭曲珍贵的要诀，误导志诚的青年，而斩断传承的血脉啊？

可爱的热血青年，其热爱的八极拳术早已是长久存在的珍贵资产，只要能再加上研究的热情，亦即是：

一、破除迷信，不讨便宜。

二、不但不看轻别的门派，更还要谦虚地向各门各派去异中求同。

三、敞怀袒肉，正对拳法本真，全体直前，真真正正地以性命求之，而不迷心失路于师门、班辈一类的身外之物上。要知道：武术以决生死，乃是绝对科学。不因流传在野就变成了民间信仰。

那么，年轻一辈人士的八极拳想要练好，其实不难。因为：

一、招式与套路，早就学会了。只怕太多，不嫌其少。

二、就以"八疾"为标准，赶快做个八极拳的全身大体检，严格而精准。

三、最后，当然就是：有则改之，无则加勉。"有恒为成功之本"，八极赖新血而昌！

没有贴山靠就没有八极拳

一

贴山靠常被称为"铁"山靠或是"铁"山"大"靠，以示威武。

其实，"贴"，是练功，有诀要。"山"，是工具，可以是山壁、墙堵、树干或是特别设置的木桩。而"靠"，则是技巧。

世界各国的武术，无不以手足为攻击之武器，躯干则是需要保护的大后方，有如军人与百姓，攻防各殊，强弱分明。

中国的传统武术，则倡"全身一拳"之说。此有二义。一是打拳和发劲，从脚跟起，不仅是手臂和肩膀用力或是稍好一些的转腰和运胯而已。二是全身上下和前后，无不都是武器。躯干不是需要保护的后方，而是摧毁敌阵的大炮和炸弹！也就是全民皆兵、举国动员联合大作战的既完整又成熟之极致战法。

传统武术门派如林，对于躯干的使用，轻重各异。时至今日，真诀不传。有些拳种更已流失了这份高价值和全面性的宝贵遗产，相当可惜。

在目前所知的著名门派中，似以八极拳对于躯干的开发和使用，最为重视和完整。然而，也因传统的保守风气，已少传授。如果只学套路、记诵招式，则无法凭一己之数十年功力，就天才式地觇见和体会，更不会练习和应用贴山靠。以至于只存掌故和佳话，而鲜见实技和战法了！

二

贴山靠的训练，必须以山壁、墙堵、树干为工具。工具之表面须平整，工具前方及周边之土地，必须平坦。如能设立木桩或是塑料质地之筒管，则以如人腰围粗细之直径者为佳，太细不宜。

练习时之服装，以长袖上衣、长裤较佳，短衣和短裤亦可。初学之时，可以套用护具，无妨。

实际训练由浅而深，分有若干工序：入手、进功、活用。不可躐等，须实事求是。

入手：贴山而立，挤靠为功。这是基本动作，也是心理建设，使人逐渐习惯以躯干迎敌，而非潜身避战，改变以手足来保护躯干的人类自然本能之心理状态。

进功：龙骨主操，全体动员；由近而远，承受撞击。必须配合呼吸吐纳之训练，同时进行。消极的是避免功伤，积极的则是要调动全体、内外一致，以及培养贴靠之后的连续攻防之反应。

活用：功法之学习，快速而简易。功法之成熟，漫长而细致。所

以，功法初成之后，即应走出模式，自由练习，而且式式循规、招招
如法，变传统之功法为一己之本能。

三

如此之三步功成之后，必须安排同学伙伴，真人实操，体验灵动
多变之敌手，而非僵直固定之木石。

八极拳在八极架（小八极）和八极拳（大八极）之后的所谓高级
套路六大开、八大势（或作"招"），其实不是套路，而是单招，正是
为贴山靠的实体真做设计了循循善诱的程序与要求。而世传"开门"
八极拳的称谓，是对八极拳善保己门而又善开敌门的美称。然而，练
习六大开时，如果是以六个"手"法与假想敌进行攻防演习的话，就
完全不是八极拳的"开门"之本意了！

六大开之训练，必先具备贴山靠之功力，然后，一定要做双人对
练、肉身实战之直接体验，以纠订偏差、调正心情，导出"开门"之
后的连续攻击，求取"打垮为止"之彻底战果！然后，八大势的那种
全时、全技、全身扑杀之战法，才有通过真正学习与锻炼而取得成就
与收获之可能。万万不可仅以手足之技，灵活取巧、以求胜敌，此或
系其他门派之长技，可敬可珍，然而，绝对不是八极拳的门派特色与
锻炼要求。

四

历代皇帝与侯王的护卫，使用什么门派的武术，已不可知。采用
八极拳为护卫训练之内容，则是清末火器昌明之后的新近发展与需
求。因为，谋杀与行刺，不但不用刀剑，而且不用弓箭了。现代枪械

的施用距离——远、施用动作——小，轻轻地食指一扣，即可达成目的！所以拳打、脚踢、摔角、擒拿等，固然有其防护的价值、保卫的功能，却只能对付拳脚或刀械，而难以影响子弹之速度与精准。

须知：子弹之击发，其枪械操作在人；苟现异状，第一时间之施术对象在人，而不在枪！只因发射之动作极其难防，故瞄准之破坏则在撼动其人！故必先使其射击无效，而摔拿捕捉、侦讯审决，则为其余事矣。因应此一实际、满足此项需求，八极拳中之贴山靠打之技术优点与格斗特色遂受重视。

总之，若无贴山靠，则八极拳之特点无法出现。套路练得再熟，战技不能遂行，以致精髓丧失，徒存筋肉。行之亦可以强身健体，运动体育之价值不菲。然而，已非武术，至少也已不是八极拳之武术了！

从八极架的训练看武术圈的迷失

八极架的功能

八极架的功能真是太重要了，如果说它是一把钥匙，则必须要有这把钥匙，才能打开八极拳的大门，进入八极门的殿堂。也就是说，通过练习，它会介绍八极拳基本的技术和它的风格。没有学过拳的人，要通过八极架的练习，进入八极拳的门户。学过其他门派拳术的人，也要先经过八极架的洗礼，才能够把八极这个门派的技术和风味，同学习者以前所学习的拳术，做一个区分。我们要体会这些技术和其他门派不同之所在。拳术都有共同点，但是，更重要的是找出不同之点，这才是我们应该追求的。

学习目标的设定

在八极架练习之中，还要打好我们下盘的基础。下盘当然是各门派入门的重点，八极拳并不例外。此外，在内里，也就是内功、气功的训练，也要练到合乎要求的程度。更要通过八极架的训练，来了解八极拳的实际攻防应用——它的技巧何在？我们练一个八极架，套路只是一套，但要达成的目标是多元的。

一般的误解

我们练套路时，一定要主动追求其应该给我们带来的好处。不要误解为，练了这个套路之后，套路就能够自动地把我们变好、提升到某种程度。事实上，这是不可能的。套路本身绝对不会为我们做这些工作，是我们练习者，以套路为一个凭借，然后追求上述各个不同的目标。

套路

八极架的这个"架"字，就是基本架构的"架"。最好的比方是盖房子，基本的支架是已经挖好了地基，把柱子和梁给上好了。虽然还谈不到室内装潢，甚至于还没有隔间，看不出哪里是卧房、哪里是客厅；但是，如果我们希望将来有一个舒适而且合用的房子的话，最重要的，其实在于把基本架构规划好，建得结实耐用。这个套路，作用就是把地基、栋梁、柱子、房顶，给架构起来。

当然，除了八极架之外，八极门还有其他套路练习，也就好比盖房子，还有其他的一道一道的步骤。以八极拳来讲，除了八极架之

以上两幅照片分别是八极拳中八极架之"顶心肘"、八极拳中八大势之"双抱肘"。时在西班牙开办中国武术讲习班，摄于西班牙巴塞罗那（摄影：苏昱彰）

外，还有一套拳法叫八极拳，这两套套路流传得比较广。也有人把八极架叫作"小八极"，而八极拳叫"大八极"。另外还有一种很有趣的说法，把八极架叫"死八极"，因为它练的时候动作比较缓慢，好像比较死板。而八极拳叫作"活八极"，因为它在演练的时候比较灵活、多变。也有把八极架叫作"老八极""旧八极"的，等于是从前旧的功课。而把八极拳叫"新八极"，比较而言是新的，是后来的课程。除了八极架和八极拳之外，八极拳还有六大开和八大势这些套路。

　　这些，就是八极拳的主要套路。有些支派还有其他套路练习。有些支派也承认曾和别的拳术门派交流，得来一些不同的套路，多半是把外来的套路打成八极拳的风格。

　　我个人所练的八极架，当然是得自于刘老师的传授。因为我强调套路本身不能带给学习者绝对的帮助，多练套路不是一个正确的学习方法，套路也不需要很长。因此，我把其实已经相当精简的八极架，又做了一点精简化的工作，也就是去掉里头几个重复的动作。其实去除的也不多，开始的时候去掉一个蹬脚，中途去掉一个重复的顶心肘，再后来又去掉了重复的几个冲捶。因此，现在所练的，是已经很难再简化的套路。通过这一个套路，我们从中再来追求对我们真正有所帮助的种种锻炼。

基本功的练法

学习八极拳的正确方法，并不是一上来就从八极架第一招开始练起。正相反，一开始是练若干个从八极架之中抽取、提炼出来的基本功架，我归类为八个动作。等把这八个动作都练好了之后，把它们串起来，加上一些过渡的相关动作之后，就是八极架了。换句话说，这八个动作打好之后，要追求八极架这个套路，那简直太容易、太简单了。

而这八个基本功架的练习，并不简单。我这里列出来一个顺序：第一是顶心肘，第二是十字撑，第三是托塔，第四是避裆，第五是双栽捶，第六是打崩，第七是冲捶，第八是金鸡抖翎。千万不要误会的是：并不是因为你专门练这八个动作，就可以把入门的功夫练好了；而是在练这八个动作的时候，还要做三件事情，分别说明如下：

第一个阶段要求的是，这八个动作，要区分其动作和姿势的不同。动作是我们在动，姿势是静态的。静态的并不是完全不动，而是内里在运转。运动是要有运也有动的——中国运动哲学的要求。当把一个动作打完了之后，不要以为这是结束，这是动作的完成，外在的动作不动了，在那里摆成一个姿势。摆姿势干什么呢——内在的运转开始运行。一定要这么做。练八极拳的人，常常就在摆着姿势、外表不动的时候，在静止的状态中，来做所谓的数息，就是数丹田的呼吸。意念集聚在丹田是第一步，每一次摆好静态姿势，所数的呼吸，一般要求慢慢增加到八个单位（以一呼一吸为一个单位）。

第二个阶段要求的功法，是摆好姿势做内里运转的时候，把气引导着，从丹田运到身体八个不同的部位，即头、肩、肘、手、尾、胯、膝、足。

第三个阶段，更要有能力把内里的气跟外在所做的动作相配合。做任何一个动作的时候，不再是外表的、单纯的手脚表现，而是要加以内气的填充，把外面的动和内里的运相结合。

八极架有很多的跺子，这八个基本动作有八个不同的跺子，每一个都不一样，有单、有双，因之，腿脚和地面就有不同的接触，其中有细微精密的区别。所以八极拳跺子很多，但是并不都一致。各种跺子有不同的讲究，这也是通过八个基本功架练习来求得的。

基本功还要把上肢、躯干部位以及下肢结合起来。我设计了各种练功法，譬如说顶心肘、十字撑、托塔、避裆……为了让躯干参加进去，每一个基本功，都配有一个辅助的练功法。通过练功法，就能够把基本功更快速、更明确地带上正确的道路。只要照着这个道路去走，就一定可以到达你的目的地。

桩功

桩可以是一个木桩、一根木柱，也可以是一棵自然生长的树木。桩的训练所做的，仍是前面所叙述的八个基本动作。简单说，就是把这八个攻击动作打到木桩上头去。

打的时候，第一，很重要的是，毕竟练习的工具是一根坚硬的木头，有些动作和基本功并不一致，修正的主要是我们的手臂、拳头跟木桩的接触部分。第二，由于角度的关系，我们脚底下打的跺子，因为要避免受到木桩的阻碍，也有一些挪移。就是把八个基本功做了适当的调整，使它们适合在木桩上练习。

这种练习能锻炼我们的手臂，在练的时候要注意，过猛会造成手臂瘀伤。瘀伤外在的调理当然就是使用跌打的药品，来活血散瘀、止痛消肿，但最根本性的防治是在内气的保护。

也就是说，在练桩功之前，一定已经能够很好地调动丹田气了。每一次与树干的接触，都一定有气布满在接触的手臂部位，这样也就不至于受到伤害了。这样锻炼，当然可以增加手臂的功能、力度以及外动和内运的配合。在古代，从纯武术的立足点来看，手臂是我们的主要武器，或者说主要护盾，自应注意锻炼培养。同时，练桩也是对气的锻炼。因为我们在打桩、打跺的时候，这些跺子是让我们起气、聚气，作为内动外运配合用的。

除了个别的锻炼之外，还要跟树干木桩一起来练，于是设定了一个要求：不能够慢慢地运气用劲，必须在合理的、合适的节奏中，起发内在的气功、配合外在的动作，来投递我们的技巧。我之所以说是"合理"，因为现在毕竟只是练习，人不能一步登天。不过，合理的要求，合理的节奏，我们总能够慢慢建立起来。而武术要应付的，永远都是非常的局面，也就是常常都是在不合理、在非常时期、在意外的状况下，这时，我们要有适应的能力。为了培养这个能力，我们先在一个可以接受的节奏之内，要求身体具备这个条件。

除了手、脚内气的配合之外，桩功给我们非常好的脊柱训练。脊柱是身体的大支柱，手、脚其实都衔接在脊柱上，当然是通过肩和胯。我们与其花很多的时间锻炼枝节，不如多用一点功来锻炼根本——在人体上来说，就是人的脊柱。所以在锻炼的时候，我特别要求：人和桩如何建立联系、如何加以利用，以使长在背后的脊柱得到更全面、更完美的练习。

所以，桩功也是多目标的。前人之所以做这样的设计，就是为了带领学习者达到八极架训练的目的。

武术的基本架构

我想用一个三角形来说明合理的武术结构。这个三角形的上端是套路，这是一个角。而在下面有两个角，一个是攻防的应用，一个就是功法的锻炼。

今天最大的误区、最大的悲剧，就是练武只练一个角——最上面的角，就是套路。认为学完了套路，就学会了这趟拳了。

其实，只练了套路，不说那是极其空洞、几乎是等于零的；起码也要说，他在三角形中，只完成了一个角。

他当然可以自娱、娱人。做得正确的时候，不伤身体的话，可以把练拳作为一种健身操，也是不错的。如果练给别人看，练得很流利、很优美的话，也有娱乐的效果。套路并非是一无可取的，不是说它全无价值。

但是如果只练套路，就认为是练了武术的全部的话，这个误解就未免太大了。这种观点也常误导练武的青年人，认为练完了套路就完成了工作，就期待着收获。我说的期待，并不是坐在那里等，而是每天猛练套路，练很多很多次，以为会进步。这个时候，就会失望。有人失望了，就离开了，再也不练。也有人失望了，不免回头说武术的坏话，说是虚空的；或者说，所有东西都失传了，反正也练不到了。

我们一定要认识到，三角形下面，其实还有两个角。其中之一是攻防，武术毕竟是讲攻防的。不能够说今天的时代不同了，有了枪炮。其实岂止是枪炮，我们已经进入到"按钮战争""太空战争"的时代了。今天练拳，并不是在讲一刀一枪，而是要锻炼我们的身心两个方面。但是，动作一定要正确。什么是动作的标准点呢？那就是攻防的命意之所在了。

因此，攻防不可不讲。讲攻防并不是鼓励打架，绝不是提倡暴力；而是通过攻防，才能了解所练的套路，才能检查动作正确与否。

又有一个问题是：我们常常看到讲究攻防的个人及武术团体，练的套路是中国的，攻防的用法却是外国的。中国拳术的用法和外国完全不一样。这就更让我们警惕：攻防不可以不讲。如果没有讲究攻防，而拿外国格斗来张冠李戴的话，它就格格不入。或者是套路练起来的时候，就有那么一股奇特的洋味。所以攻防是三角形的另一个角。也唯有攻防概念正确以后，演练套路才会充实，才有意义。

更重要的，尤其是对现代社会更具有积极意义的，是武术之中非常完美、高妙的功法训练。古时候讲"止戈为武"，这是武德的要求。练武不要去作乱，反而要平息动乱，带来安和乐利的人生。今天更要讲化剑作犁，把杀人的刀剑变成生产的犁耙。也就是说，要用武术为人类社会的幸福健康做出贡献。

武术之中，什么样的东西给我们带来健康呢？当然就是功法的锻炼。武术家不谈天堂与地狱，他们是每天都面对生死关的，这个关口是随时可以发生、随处都存在着的。所以功法，对于精气神的修炼来说很是实在的，没有花花绿绿的神话。因为，这是武术的基本立足点。这些武术中的良好功法，可以抽取出来给社会大众，为他们的健康谋福利。而练武的人，注意这个三角形，更是不可不练功法。这些功法除了给人们带来生理的利益之外，也涉及心理。如果没有这种功法的要求和套路攻防相配合的话，中国武术就不能展现它特有的风格。

因之，关于武术的训练，是三角形缺一角而不可的。介绍八极架的时候，为什么要谈到基本功、内气、桩的锻炼？也就是基于这样的认识。

练武的基本取向

今天许多人练武时常常把注意力放在别人身上，好像他们是为别人练的。说得更实在一点，就是脑袋只想到，我们的拳脚打到别人身上造成什么样的后果。这个不是不重要，武术嘛，总有攻防在其中，但是，要想真正具备强有力的攻防能力，注意力还不如放在自己身上。

练武总要把自己身心两方面锻炼得结实，提升自己的境界。然后，在紧要的、必要的状况下，把武术用在别人身上时，才能够达到很好的效果。

简单地说，武术是用中国锻炼的程序来锤炼自己，心思要放在自己身上。不单是外在的动作，还要加上你对内在世界的认识、开发。也就是说，身心两方面同时提升、平衡和谐、一同前进。

有的人之所以把身体练坏，常常是因为只想到别人，也就是敌人，而追求单纯的杀伤力，没有考虑到他是不是具备投递强大力量的基本体。打个比方说：一只小船上，不能装很大的炮。大军舰上才有大的炮，甚至于有很多口炮。如果小船装大炮，发射时，小船本身都承受不了，就要翻了。

我们要考虑武术的时代意义，古时候，武术是军队国防的需求。从前练武是为了能够去当保镖、护院，讨生活，所以有的时候为了生活委屈了自己的身体，做出某种程度的牺牲。而今天练武，化剑作犁，为社会、为健康而服务，没有理由为了武术的锻炼而来戕害学习者的健康。因此，我觉得应该探讨的是，到底为谁练？一定先要为自己练，这跟自私与否的道德权衡不是一回事。一定要在练武的时候，时刻检讨自己：不但是外在的手足，而且是内在的器官，它的感受、反应等。比如前面谈到的八极架，并不是只有套路以及攻防的用法，而且还要把气充实起来、锻炼起来。

中国武术和外国格斗不同的地方，中国武术的价值之所在，正是在于它顾虑到练习者身心两方面平衡和谐的要求，它是有运也有动的。

武术呈现的问题

文化的问题太大，不是在这里所能够谈的。然而，武术亦因为西化的取向，使今天的武术教学和练习产生许多问题。我们不必去分辨哪个好、哪个坏。但是，东西文化、中外文明有所不同，这是任何人不能否认的，是不用花力气就可以看得很清楚的。

从清朝末年开始，因为受到外国的侵略，中国人在急切之下醒悟：要学习外国人的长处。基本上这是正确的，而且是必须的。但是学习西方长处的时候，并不需要丢掉自己的长处。不错，中国文化里头有许多不好的东西，应该抛弃，应该戒除。这跟学不学西方文明没有关系，不学西洋的长处，也应该把自己的缺点戒除。

西方体育项目，如田径、登山、球类……极其发达，有个人进行的，有两人对抗的，有团队竞赛的；有趣味，有锦标；有世界性的竞赛大会，也可以在一个小小的学校来举行。人家的成功，是它的推广得法，可钦可敬。

但是这许多活动本身都是有偏差、有缺憾的。它们只有"动"，没有"运"。因此，许多金牌得主、职业选手健康状况不好，寿命短，原因是动得过度了，为了金钱和荣誉。像这样的活动，固然好玩，以之言体育的价值，可就不高了。

中国人讲"运动"，一开口就是"运"和"动"放在一起，它们是分不开的。外在的"动"一定要有内里的"运"。而内里的"运"，是消耗管制的机窍之所在。有了内里的运，就不会使外在的"动"过度，而过动伤身就有了保险丝。

今天从体育的立场来讲，要提倡中国的东西；从健康的角度来看，也要提倡中国的东西。武术锻炼，更需要把中国的文化带进去。中国的武术如果没有自己的哲理做基础，不管练什么套路，打出来的一定是西洋拳！外在形态、一招一式全部是中国拳，但是对这一招一式的诠释、解读，全部是西洋的。因为我们对于身体的认识和对四肢躯干的使用，都是西化了的。

中国的拳术讲内外的配合、讲全体的发展，它是四度空间的，它没有一招一式是单一动作，都是复合的。它没有单目标的，也没有绝对目标。它随时变化，运用灵活。

这些东西，都需要文化做基础。反过来，年轻人也可以通过武术的锻炼，来践行中国文化——用中国肢体文化、运动文化，奠定他的文化基础。也许将来他不只是把拳脚练好、使武术水平提升，更因此而终于有机会重返优秀传统文化的怀抱。到那时，学习武术就不只是为了提高自卫防身的能力，甚至也超过了追求健康上的益处，更扩而大之，成为一项文化传承了。

实战技击

中国武术的实战技术

任何国家都有传统的格斗技术，这是人类为求生存之必然。各国拳法，其风格、技术都深受风土、生活、体能之影响，反映了一国一族的性情与文化。中国武术的民族特性就是：中国人的韧性、弹性、复杂性、深奥性、多面性、忍耐性，等等。

中国武术正如人有两脚迈步向前，它也具备两大部分：一是攻防技术——击中敌人及闪避敌人，二是发劲方法——杀伤敌人的能力。

基本来说，有一种攻击法，就必有一种防御法。如敌人向上盘击来时，我们设法抵挡。这时，我们的中盘及下盘则因暴露而生漏洞。敌人很快地会向我们的中盘或下盘发动第二波攻击。

防守的部位暴露叫作"漏"，发现敌人的"漏"称为"找漏"，自己有了"漏"时补救的行为则称为"补漏"。这些以"找漏"与"补漏"为中心的攻防，我称之为"点"的攻防方法。比如：正前方中盘高度的拳，它的运使法与接触面都是"点"。

任何一个攻击，定要有效击中才有意义。如被敌方阻挡，虽然击中，但威力不足以致敌伤害时，人们便创造了所谓"连环"之技。试举直拳正击为例，粗看用的是拳，其实这一拳是由手、腕、肘、臂、肩共同组成的。譬如：正拳被挡、闪避，或虽中的而力不强时，则继以该侧的腕、肘、臂、肩等部一连串地再攻击，甚至于以躯干部位来作战，才是中国武术的"连环"。如此，不需将击出的拳收回再打，而是拳接肘、肘接肩，不容分说地接连打出，这就是整条手臂是一拳的精义。从几何学看，可以说是从"点"到"线"了——将若干个"点"无间隙地连结，就变成了"线"。

整条手臂是一拳的功夫，不易明确通晓，因为这一动是一种攻法，同时也是一种防御。譬如招架敌人向中盘部位攻来的直拳的同时，径用同一只手且系同一动作予以反击的技术，就是一个最简单的例子。使用上述技术，必须随时与对手保持接触，并立即读出对方身上任何部位传来的动作意图，作为反击的讯息。一般系通过对方手臂与我手臂相互试探来进行。中国人称之为"沾黏连随""不丢不顶"。手臂传来的感觉，称为"听劲"，太极拳的"推手"、咏春拳的"黐手"便是此种技术。这种技术使防御更形坚固，攻击益见凌厉。这一技法，我称之为能集"线"而成"面"的新水平。

部分高水平的武术家不断努力，积聚无数实战经验，达到了"浑身是艺"的最高境界。功夫的极致，是将"漏""连环""沾黏连随""听劲"等实技自由活用。而步法、间距、角度、相对关系，等等，更会影响攻防技术的成败。间距的问题以及操纵的步法，都是非常重要的因素。

一、拳、脚：拳部、脚部的使用间距（第一道攻防线）。

二、肘、膝：肘部、膝部的使用间距（第二道攻防线）。

三、肩、胯：肩部、胯部的使用间距（第三道攻防线）。

以上三道"攻击发起线"与"防御制高点"，在进行攻防时，互相呼应、搭配，随时移动、变化。如此这般使用全身去作战的技法，就是"浑身是艺"的境界，是中国功夫的极致。用几何学来解释，则是从"面"变成了"体"，甚至成为"球体"，而非"立方体"。"球体"是由无数的面组成的，不像立方体般固定、有着生硬的角度。而高境界的功夫，正是不应有技术上的断面与死角，是要像"球体"般滚动不停，亦即在三维空间外，再加时间的因素。一切攻防，源源不绝，与时推移，生克消长。武术的动作要基于临场的条件，一瞬间决定其是非好坏，实无法依据某个独立存在的招式而断言技术差，或动作好。格式化之动作，只是技术之原形。在使用时，除有定则可循的应用原理（前人的经验）外，更要加上本人的战斗能力、当场条件等因素，共同产生胜败生死的最后结果。

『猛虎爬山』不是梦

　　八极劈挂的名人——神枪李书文太夫子，成名以后，与人较技，常用"猛虎硬爬山"这一招，所向无敌。后来，更常在动手之前，先向对手明告：我就是用"猛虎硬爬山"，或是：我就用"两拳一肘"。

　　于是，"猛虎硬爬山"便成了驰誉武林、令人闻"虎"色变的致命绝招。似乎只要习得此招，便可天下无敌了，甚至日本、美国、东南亚和欧洲各地，也对"猛虎硬爬山"充满了幻梦……

　　要想唤醒梦中人、揭示事实之真相，不是一件容易的工作。试做努力，必须分三个步骤：

　　第一步，什么是绝招？第二步，高水平的武术包含什么？第三步才是"猛虎硬爬山"的本色面目。

　　首先，对绝招的误解——以为如得绝招，就人莫能御——来自武侠小说的奇谈，晚近的功夫电影更以生动的画面加深了人们对于这个神话的相信程度。

绝招真没办法破吗？请来大胆地试破之。最最重要的基本认识是：绝招是没有用的，有用的，是"人"！

是"人"——高水平的武术家，把招用绝了，用到绝顶精妙。而不是有一个东西叫绝招，找到了它，就是凡人也立时三刻就变成了高手。

同样是这个招数，"神枪李"用它，就所向无敌。你我也来用它，就可能小命不保。这与任何东西方的对抗竞技活动并无不同。如篮球的急停跳投、柔道的大外割等，有人用之精绝、百发百中；有人邯郸学步、东施效颦，勉强施用，一打必输。

因此，凡是所谓绝招，都是人人会做的简单动作。除了"猛虎硬爬山"的两拳一肘之外，李书文太夫子的大枪绝招，见面就是一个"砑枪直进"，无人能挡。

"砑枪直进"与两拳一肘，凡是曾练八极、尝习大枪者，无人不会的。何绝之有？而只有"神枪李"把它给用绝了。此所谓绝招。

这么说来，绝招竟然是很简单的招数了吗？

凡属绝招，非简单不可，一定是你我都会的简单招数。凡是复杂多变的招式，无不是一厢情愿的预设。练多了，就只知依从招式、亦步亦趋，渐失自主应变之能力。而格斗是绝不合作、互相克制、真伪相参、瞬息万变的激烈活动，不可能预设动作，不可以复杂为尚。

因之，凡是绝招，必须简单。在这些简单动作的基础上，随机应变，变化出无数随机而变的动作，绝无轨迹可循，绝无规范可依，绝不可以是一成不变的规格动作。

招是死的，人是活的，何况是通达的高人？

"猛虎硬爬山"所谓的"两拳一肘"，是活的——灵活变化，不是死的——死守此招、只知此招。

刘云樵老师传授的八极六大开中，确有"猛虎硬爬山"，也确实是两拳之后加一肘的技术结构。但那只是示例，举示一个范例而已。

这就有如数学课中的例题，是老师向学生说明原理用的，绝对不只是让学生了解这些不变的例题而已。例题的作用乃是训练学生，通过对例题的了解而锻炼出演算的能力。只有具此能力者，以后再遇难题，才能够演算求解而不为所困。

所以，只学学"猛虎硬爬山"的招式，十分容易。因为，它其实很简单。刘老师从来都公开传授，并非秘不示人。可憾学的人多不明白，只学招式是万无一用的。因为，凡属绝招——"猛虎硬爬山"自不例外——都是能力的提升，而非动作的神奇，是苦练求精之后所具备的个人能力，而非一成不变的繁难动作。

明白了施用绝招必须具有高超的能力，那么，要把"猛虎硬爬山"也变成你我每一个人的绝招的话，究竟需要具备些什么条件呢？

为求醒目，先制一表：

$$\text{"猛虎硬爬山"} = \begin{cases} \text{技术} \\ + \\ \text{劲道} \\ + \\ \text{经验} \end{cases}$$

亦即：在攻防的技术方面，一要明确掌握远、中、近三门的开阖生克，二要能够连环运用手、肘、肩的衔接吞吐，三要灵活运用点、线、面的配置变化。

然而，这些技术不论练得如何纯熟精巧、百发百中，如果不能发劲，也只是无刃之刀，难以杀敌。是故，必须训练手、肘、肩各部位的发劲能力，而且要长劲、中劲、短劲随遇而发，毫无碍阻，才能够造成杀伤，取得战果。

武术系人与人的生死格斗。武术家的身（体格）心（神魄）淬炼，必须于精魂与血肉的实战经验中养成。不可以纸上谈兵，兵棋推演；推也无用，谈亦徒然。

李书文太夫子的时代，武术家私斗试技，只要公平情愿，死伤几无人问。因之，才能在技术与劲道强悍无匹之后，累积实际格杀之经验，成就了破门直入、拳去不回的"猛虎硬爬山"之绝招。

时代进步了，而这头"猛虎"却不见它再现于今日。究其因由，恐怕有下列三事吧？

首先，是不认真。武术或是健身运动之方式，或更只是玩弄光景之消遣，不再是生死所倚的军国大事与专门职业。不必太讲究、不肯太吃苦，自然就不能从事高水平、极艰难的试练与寻求。有梦最美，何必认真？

其次，就是有心追求，也多盲人摸象。因为，劣质的传统影响了老师——不传，败于枪炮的惊惧与沮丧也影响了学生——不练。只学套路，不练功力与格斗，居然变成中国武术的特色，真是从何说起！

最后，中国武术也有散打的比赛，规则、设备与裁判也都差强人意。但是，没有中国传统武术的技术！其技术习自世界各国其他的武术，加模仿电影武行浪漫奇想的动作，加少数"天才"自我发明的神技。

于是，"猛虎"从此不"爬山"……

这篇小文的题目为《"猛虎爬山"不是梦》，其谦卑的含意，是双面的：

一面，是在破除对绝招的误解、对八极的迷信，以及对"猛虎硬爬山"的梦想——它"不是梦"。

另一面，则更在于提出苦练精修以达成运用"猛虎硬爬山"之能力的内容纲领。

我深信：

明辨中国武术与其他各国值得尊敬的武术之不同，公开传授、公开讨论，互相帮助、互相鼓励。

加上：痛切体认只练套路的不是，而制定"拳"套、用"法"、"功"力三位一体为武术训练的根本结构。各门各派，一体遵行。"以复古为革命"，以全面代偏荣。直指正确之途路，不再浪费青春与希望。

再加：虽不能也不应再勇于私斗、害命伤人，但必须制订公开比试、客观求证的竞技规则，以提供磨炼技艺、积成经验的机会。

苟能如此，则后生可畏，人才可期。"猛虎硬爬山"的绝技，必可养成而重现江湖。

那么，也就"不是梦"矣！

三面『魔镜』
——武术精纯度的自我检测法

很多年轻的同道坚信，自己研练的武术，百分之百精纯。然而，他们演练的套路却常令老前辈们摇头叹气，说是"西洋拳"——动作洋里洋气，好像是位外宾！

而当他们运用所习对打实作之时，有的徒有眼捷手快不怕死的血气之勇；有的似外国格斗，各国均有；有的则复制了功夫电影、武侠连续剧中的打斗场面、特技镜头。本事大的，更是以上皆备！

其实，凡是能做上述诸种表现的年轻人，都是习武的好材料。如果去学国外的各种技术，由基本功到应用法，只要按部就班地努力，必有良好的成绩。反而是学习中国武术，则常因为基本动作、进阶功法与应用训练皆无的缘故，使得人才虽好，用功虽勤，却是成绩欠佳——宁非憾事？

一般同道省视武术精纯度的依据，常常是：

一、烧过香、磕过头、拜过师、入过门。

二、套路齐全，完整。一百〇八招，不洒不漏。

三、我心虔诚，从无二志。所读、所见、所思、所习，绝无外道邪魔之侵扰，则我的武术焉得而不精纯？

可惜的是，以上三事，都很可贵、可敬、可羡慕，但却无一可据、可信、可依赖。

检测糖的纯度，要试尝它的甜味，不是品牌。检视醋的纯度，则要试尝它的酸味，而非厂家。那么，检视武术的纯度呢？就应该试它的原始本质——实战之技术，不在神话、血统与流行。

也就是说，中国武术不论流派师门、套路功法如何，当它在应用时，消极来说，不可混杂来自人类本能、尚未进化发展的自然打法，也不容采用外国各种独具的打法，以及影视小说中充满浪漫奇思、超自然能力的只追求过瘾的打法。积极而言，则必须要能呈现中国武术积数千年人命牺牲、肝脑涂地之经验沉淀而得的纯熟老练的特有攻防之技巧。

为了让年轻一辈的习武者，能够简单又隐秘地进行自我测试，获得客观且又可靠的检验报告，在此，我特别设计了三组双人对练的攻防动作。只要具备诚恳的态度、约请可靠的同伴进行认真的操演、互作严格的评估，则这三组动作，就可以像是三面"魔镜"一般，忠实反映出吾人武术训练的精纯度。不再受骗，亦不自欺。

必须声明的是：这三组动作不代表任何门派，也绝无高难度的招数，其功能是在检视自我，不是征服天下。演习时，时时自省；苟有不得，反求诸己。坚守每一组的程序与要求，绝不以变招另行、打法灵便而得意。规避了检测，怎能够照见自己武术真貌的美丑妍媸呢？

以下动作说明中，我（徐纪）是练习者，着唐衫；对方（李建业）是协助者，着汗衫。（摄影：汉声杂志）

一

动作1：我发"直捶"，以"弓箭步"袭向对方之中盘。对方由"外门"竖起小臂"内截"，不是敲击、碰撞，而是摩擦、引导我拳，以使来势减缓，落点偏离

动作2：我将"直捶"松放，吞腰转胯，手臂低沉，"下漏"而过对方之肘，走其"外门"

动作 3：我既到"外门"，便伸腰长势化为"圈捶"，袭对方头部

动作 4：对方急忙俯身低首，闪避我之"圈捶"

动作 5：因我系以全身施为，不是玩弄纹拳纹臂。"圈捶"虽告落空，身形步式已顺势回吞，成"反弓箭式"，手臂松垂腹前，目注对方之情状

动作 6：我由此式，双足碾地，两腿回旋，拧腰转胯，重心前移，成"弓箭式"。同时，由肩而肘而拳，向对方头面击出"崩捶"

动作 7：对方急滚膀"上架"，阻我来招。其拳心必须由下垂内翻转成向上向外，以生"缠丝"而收战果

动作 8：我径作"钩手"，以掌底及手腕吃住对方手臂，勿使抽换。同时腿转腰拧，以身躯之力，牵引对方之手臂及注意力，是为"叫门"

　　动作 9：对方由臂部之感觉察知此意，不愿被我拉扯，必作抗拒，收回其臂。我则充分合作，一方面尽可能延长双方手臂黏着之时间，一方面侵入对方"内门"，拳势下指

　　动作 10：我将重心前移，下盘可"弓"、可"马"、可"四六"，亦可"三七"，击向对方腹部。以拳为用，如飞弹头；以臂为体，如推进器。松背、沉肩，击出"栽捶"，获致成果

注意：

我的训练，绝不是念念在对方，追求胜利，而是虚心内向地检测自我。基本态度的诚恳为照临"魔镜"之所必需，否则，不但一切徒劳，更容易滋生误解、加深错误。

所以，切不可变招应敌，以表现多知多能。比如：尚有另一手臂，尚有腿法超群，尚有其他招法甚多，等等。

尤紧要者，在换招、发劲之时，必须全身从事、由下而上，绝对不是一只手臂，又粗壮、又灵活，只用肩膀以下依势挥舞即可的。

此招所检测的：

一、是否只此一手，便能连续变化？是否能做到肌肉放松、关节放活，随时重组攻防？

二、能否"全身一拳""落地生根"？是否能做到一切举动，由脚腿而上，经腰胯肩背至于手臂拳锋？

三、能否存中国心，打中国拳？是否能做到从意念到招法，绝非"1+1+1+1"之西式连缀，而是"一生二，二生三，三生万物"之传统哲理在武术中的活化活用？

关于对方的训练：

使用了一招垂直"内截"、一招水平"上架"，但是，都要"缠丝"转动，而非硬磕硬碰。不是只图自保，而是要误导来招。同时，细心体会一招而生三变之中国武术的丰富战技。

二

动作1：假设我见对方亦用上一招法中之"直捶"径向我心窝袭来，我亦一如上招，竖起小臂，由外"内截"，化对方来势。不但不磕不碰，而且沾黏其臂，勿使脱走

动作2：我如能制敌机于先，不容对方生变化，一面维持控管，黏住来拳；一面由下向外转，向对方伸入，进行"穿化"。尤要注意此消化的招式乃是以腰行之，手臂不过是接敌之媒介

动作 3：上动已到 "外门"，我臂顺着画圈的绕动而上举。必须做到一则两臂持续接触，一则我之掌心面向对方

动作 4：我以手臂急旋加速度，使手心突变向己，则因所产生之离心力，使对方手臂滑离摆荡，上盘出现破绽，开启战机

动作 5：如我能以前足为轴，踏地急旋，深深地"入地三尺"，以腰为辅、以臂为媒，则全身劲力之投递更为强大。此时举臂之姿势无殊，而对方之手臂已被远送，整个侧身之上、中、下盘现"漏"

动作 6：此系不能由内生劲以致果之错误示范：我以手臂沾住并推送对方手臂。无论只凭一臂之强或是能运全身筋肉，总之，都是"外壮"之拙力，而非"内劲"之投射运传

动作 7：承前式，对方之"侧门"洞开，我则后足蹬地碾转，由腿至腰以增能量，其时手臂并不等候，已经指向目标，占定先机

动作 8：紧接火候成熟，结构完整，表象似乎是我之前拳击中对方，而其实劲道来自后脚传送，经由身躯以达手臂

注意：

对我的要求是，必须运用"念力"与"肌力"相应而生之"合力"，才有可能正确地作为。"肌力"强壮是好事，不是坏事；是本钱，不是阻碍。关键在于能否认知"念力"的存在与重要性，能否正确地运用"念力"，使之与"肌力"相结合，以及能否充分地试验与不断地修订。

另外，极重要的仍在明确了解及正确使用全身各部协同一致以控敌，亦即：手臂"缠丝"之"公转"与"自转"，仍只是接触之媒介；必须以腰胯进而至于以腿脚来实行"吞、吐、浮、沉"诸诀要，以消化、误导、控制来敌之势。

此招不过是小小一例：动作 1~4 是接敌，动作 7~8 是杀敌，而检测重点在动作 5~6 之"内动外不动""劲去身留"的严格要求。

只要要领正确，稍微耐心地练习，人人可以做到，并可以亲身体验"念力"的存在与修为。

关于对方的部分：

此招除了开手处发动了战机之外，全属被动。练习时，要充分利用机会，体会我的技巧，从反面来学习，则在轮流互换、彼此用招时，更有感觉，更容易把握重点。

三

动作 1：假设我因垂手致中、上盘出现漏洞，对方发出"直捶"袭我心胸而来

动作 2：我急以双手画弧，前手"外缠"，后手"内缠"。外手擦击对方之臂，以弱其势，并误导其出拳之指向；里手则拂其腕，以防其来势强劲快速之时，拳锋仍有可能击中我

动作3：如我两手横向画出半月弧之"合力"获效，则对方之全臂应即向其侧方"外门"滑出，导致其中、上盘现漏

动作4：我以后足蹬地得力，启动双腿扭转，腰胯拧动；径以已在对方胸腹之前的后手击向对方头部

动作 5：假设一击命中，对方身后仰，启我续攻之机，是为理想之结果。在此，称为"甲式"

动作 6：注意"全身一拳"的习惯必须养成。不可因对方之"门户"开启，我便轻易受诱，只以一臂一拳径袭目标；亦不可一见"开门"，急忙缩回此臂，准备出击。以上都是未经中国武术训练之动作：企图加大做功距离，求取更大做功效果——力量。

此图之目的在显示腿脚扭动前趋，以发全身之劲力，最后构成强固的"坐盘式"，以承受消化反作用力

动作 7：然而，我拳去时，如对方闪避适宜，则此拳擦耳掠过，完全落空，成为"乙式"之结果

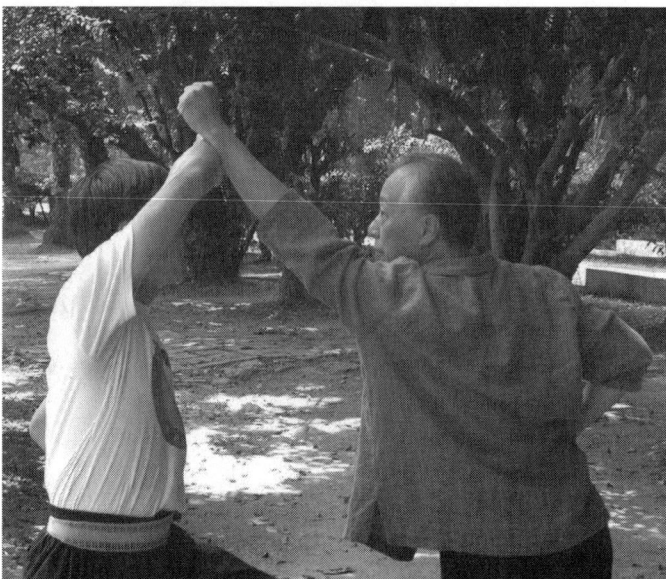

动作 8：又或者，我拳虽去，对方手臂"上架"，以滚转"缠丝"之方式引领来拳至于顶上，则为"丙式"之结果

动作 9：此图上接动作 5，亦即"甲式"（一击中的）。至为紧要者在：无论对方结果如何——昏厥、流血、摇晃、号叫——我绝不可以任由"一击而止"之自然反应萌生，反而是以第二念紧紧承接，而其接续之动作是：欺身上步、全臂急转，以我拳、腕、小臂沾黏对方之上盘（头、颈、肩部）继续施压，维持其失衡状态

动作 10：此图接动作 7，因对方闪避，我拳击空，出现"乙式"之结果。我则身心训练有素，预期变化之可能，绝不容对方脱逃，径以如同动作 9 的后续动作压迫上盘，强取效果，为最后一击开路。注意，我拳因为落空，已过对方面，亦无反作用力为警报器可以启我心机。必须是我根据武术原理，活用实战技术，养成习惯：无论中与未中，"招去不回"，只在此招上生化新机，操之在我，掌控全局

动作 11：此图接动作8，是为"丙式"之结果。我拳虽受格架，仍以"步移身欺"之全劲，径由对方手臂压制其身，使之暂时不能变招抽换。注意，我劲强时，对方之小臂下落，则我亦可能触其头面肩颈。总之，要小节勿顾，取其全体 —— 我劲之去，以意引领，直透对方之身，至其脚底，斯为得势，斯为中国武术之本色

动作 12：以下所示，主要为"步法"的两种可能。此图是对方以同侧手足"顺步"出拳之时，我无论手上招式如何因应，脚步必须插入"中门"，锁其来势。上手绝不松放，而下手以"肘底捶"合上拳与全身推挤之势，击其肋、腹之中盘位置

动作 13：依图所示，"插步"可锁左右，此处为向右"内锁"，脚尖右指，以我膝头顶击对方之内膝。得法之时，可以消对方续攻之来势，减少变化之可能，以及使对方失去平衡。并且，可望对方吸气时，我出拳击中，使其易生内伤

动作 14：倘如对方系"拗步"出招，非用同侧手足，而系上左下右之来势时，我虽仍上左步，却落"外门"，套其前足，管其来势。此时我上肢不变，仍以上手施压，引对方注意；而我之下手则趁虚已入敌怀

动作 15：下图旨在凸显我之前足必须贴对方前足，斯为得劲。如可能，尽量贴其小腿，并以我膝或冲击或推挤对方之膝部。一方面是充分使用我的武器——四肢，另一方面使四肢与躯干一体，合力制对方，无所不用其极

注意：

我的修为，在上肢：一是"缠丝画弧"，擦击为功。二是半路出手，必须能"全身一拳"。三是"招出不回"，径在此招上衍生变化，入阵破敌。

在下肢：一在顶后脚而扭双腿，以启全身之"合劲"。二在视需要而调体重，并不坚持式子之标准化，以词害意；而应当表现"不弓不马，不丁不八，怎么顺劲怎么发"之活用实技。三在用步克敌，实现"手打三分脚打七""手是两扇门，一脚逼死人"等拳谚之精意。

至于躯干，首在放松。松则通，紧则壅。松而后能动，动而后有功。切记身躯一大片，用得对，手脚之威力骤增；用错了，四肢再怎么努力也几近白费。

关于对方的学习：

应知此招旨在感受中国武术的攻防纯度。上肢设有甲、乙、丙式

之不同，下肢也有正、偏落步之差异。细心感受、严格比较，从中体悟"死招活用"之精义。

以上，便是"三面魔镜"的招数。不长、不难，不复杂、不出奇。只是每一存心、一举动，皆以中国武术为根本，以照见内在五蕴，非只外扬四肢。

这三招，不是行侠仗义、雄霸江湖的绝技，不是前台露脸、盔甲鲜明的架式，相反地，乃是后台化妆室中，安放在正面及左右侧面的三道化妆镜。演员也好，明星也罢，正式出台之前，必须在此三面明镜之中，左右端详，严格检查。不怕吹毛求疵，就怕上场出丑。

所谓"魔镜"，也只是这么一说。其实，镜子并无魔术，全凭一片忠诚：或美或恶，镜子不过忠实反映，它自个儿哪有主张？

是故，能否善用这组"魔镜"照见真我，获致福祉，仍然全在照镜之人，不在镜子。

万一心魔不去，必使明镜徒劳。非但照不见真实面目，只恐怕衍化无端、奇幻竞出，真个以心引魔，那就无药可医了！

学习对打的无上价值

时代进步了，且将不停地继续进步……

于是，就有人说："一百年前，枪炮就已彻底击败了武术。如今，更进入了星际战争的按钮时代。练武，只为强身。学习对打，实在没有必要。"

也有人说："从演练套路的动作中，大致知道一些前打后踢、左劈右扎的命意，也就够了。另学对打？似乎浪费。就算是练好了对打，又怎么可能去杀人害命哪？"

更有人说："学习武术，是多元目标的活动。其内容不仅局限于武术，学习者也不应该只注意其打的技术。因为，打只是武术中最起码、最低下的立足点，而不是武术至高之成就！"

以上说法都不错，还可以继续发挥。如下：

横着来看，所谓多元目标，乃是自卫、自疗与自怡，也可以说是防身、健身与修身。

学习武术，就是将这三大目标一炉而冶。小投资、大收获，最适合现代人的脾胃与商业社会的理想。

再从纵向的层次来衡量，则自卫防身的技术实有养兵千日的浪费，不得已时，才偶一为之，最好是永不去用。这只是维持生存的基本需要，地位最低。

而自疗健身的功法，已变此杀人之技为活人、救人与助人的无上慈悲，造福人群。层次向上提升，价值自然也就较高了。

至于那自怡修身的修为，则更在品德陶冶上做锤炼。不分时日年月，身体力行中国传统的哲思睿智，变化气质，以超凡入圣，意境是何等的高远？于武术的价值中为最高。

这么看来，其结论必然是：区区打的技术，价值实在太低。学来又相当辛苦，自然是不必去傻费功夫的喽！

事实不然，大大地不然。

因为，对打是武术的根本由来。不会对打，就等于根本没学过武术；而武术多元目标的高远福泽，一概纯属梦幻式的无稽之谈。

我们无论学体操、练舞蹈，姿势一定要正确，动作一定要标准，否则，就会受人耻笑，而体操的保健功能、舞蹈的娱乐效果，也一定无法达成。

那么，武术动作标准与否，要以什么来衡量呢？要用什么来保证呢？

这一把标准尺，就是对打。

时代进步到今天，学习对打的技能，绝对不是提倡暴力、鼓励打杀，更不是为作奸犯科之徒提供磨炼战技的机会。

学武术必练对打，除了万不得已的自卫活动与忍无可忍的除奸义行之外，其目的就是在寻求这把标准尺，而后才能用这把标准尺，来衡量自己的武术锻炼，以保证其正确性与精纯度：使我们的辛苦——流汗、流泪、流血——不至于浪费，而我们对武术的远大期望——自卫防身、自疗健身、自怡修身——也才不至于失望落空。

仍从实战觅新机

　　中国武术的格斗技巧，已因时代进步而几乎被淘汰。然而，武术并不因此而低落，因为，凸显出它的时代价值者，不是其格斗技巧之高妙，而是练功方法之特殊：

　　中国武术的锻炼，必须要内外兼修，内"运"外"动"相结合。武术练好了、有成绩时，不但能强健身心，而且能保家卫国。

　　中国人主张的基本武术哲理——"止戈为武"，对外、对人、对社会，是"兵以义动"，亦即唯有维护和平，才可以兴兵动武。非尚之也，不得已也。而在对内、对己，同时也是对社会来说，日日练武，融入生活起居，就是为了制我心中之毒龙——凶恶、残酷、冲动、仇恨……

　　积极而言，练武的人身体力行阴阳平顺、内外祥和、心手一致、气体相应的技法，在实践中，体验天人之大道、变化一己之气质，自然远离杀伐凶残的暴行。消极来说，至少也能在锻炼中消耗掉过剩的精力，使不至于作奸犯科，从而保全一己的品行、维持社会的和乐。

以上，是指习武在心性上的作用。

其在体能健康、生命延长上的功能，则主要在于合理而高妙的功法：运动合参，内外兼修。

武术显其形于外的，有动作——变动不居的，也有姿势——直立不移的。动作，以姿势为发起点，也以姿势为归结处。易言之，动作就是姿势与姿势之间的连接线索、过渡桥梁。

在做动作的时候，练的是动功，人人可见。而摆姿势时，练的是静功，别人常误以为是在休息。岂知，方其时也，虽然外在的动作凝结，而内里的运转方殷：呼吸吐纳、神思往还，用大白话说——忙得很呢！

今日练武，只练套路，是武术没落的第一大原因。套路只是空壳子，去掉了用法（制人）与功法（修己），套路的价值便只剩下了低层次的一点娱乐性而已。

因之，武术要练好，要像古人说的以一当十。要能小则防身自卫，大到保国卫民，就一定要习练中国武术独有的用法——全身是一拳。

"全身是一拳"并不是以肉身做炸弹，扑身向敌，落一个同归于尽之意；其实践是手、足、肘、膝、肩、胯的全面投入，后背、前胸、左右胯的通盘运使，以达到由点而线而终能全面一体的攻防技法啊！

人文武术精品书系
北京科学技术出版社

武学名家典籍丛书

杨澄甫武学辑注 《太极拳使用法》《太极拳体用全书》	杨澄甫 著 邵奇青 校注
孙禄堂武学集注 《形意拳学》《八卦拳学》《太极拳学》 《八卦剑学》《拳意述真》	孙禄堂 著 孙婉容 校注
陈微明武学辑注 《太极拳术》《太极剑》《太极答问》	陈微明 著 二水居士 校注
薛颠武学辑注 《形意拳术讲义上编》《形意拳术讲义下编》 《象形拳法真诠》《灵空禅师点穴秘诀》	薛颠 著 王银辉 校注
陈鑫陈氏太极拳图说（配光盘）	陈鑫著 陈东山 陈晓龙 陈向武 校注
李存义武学辑注 《岳氏意拳五行精义》 《岳氏意拳十二形精义》《三十六剑谱》	李存义 著 阎伯群 李洪钟 校注
董英杰太极拳释义	董英杰 著 杨志英 校注
刘殿琛形意拳术抉微	刘殿琛 著 王银辉 校注
李剑秋形意拳术	李剑秋 著 王银辉 校注
许禹生武学辑注 《太极拳势图解》 《陈氏太极拳第五路·少林十二式》	许禹生 著 唐才良 校注
张占魁形意武术教科书	张占魁 著 王银辉 吴占良 校注

武学古籍新注丛书

王宗岳太极拳论	李亦畬 著 二水居士 校注
太极功源流支派论	宋书铭 著 二水居士 校注
太极法说	二水居士 校注
手战之道	赵晔 沈一贯 唐顺之 何良臣 戚继光 黄百家 黄宗羲 著 王小兵 校注

百家功夫丛书

张策传杨班侯太极拳108式（配光盘）	张喆 著　韩宝顺 整理
河南心意六合拳（配光盘）	李洳波 李建鹏 著
形意八卦拳	贾保寿 著　武大伟 整理
王映海传戴氏心意拳精要（配光盘）	王映海 口述　王喜成 主编
张鸿庆传形意拳练用法释秘	邵义会 著
华岳心意六合八法拳	张长信 著
戴氏心意拳功理秘技	王毅 编著
传统吴氏太极拳入门诀要（配光盘）	张全亮 著
吴式太极拳八法（配光盘）	张全亮 马永兰 著
拳疗百病——39式杨氏养生太极拳（配光盘）	戈金刚 戈美葳 著
尚济形意拳练法打法实践	马保国 马晓阳 著
非视觉太极——太极拳劲意图解	万周迎 著
轻敲太极门——太极拳理法与势法	万周迎 著
冯志强混元太极拳48式	冯志强 编著　冯秀芳 冯秀茜 助编
刘晚苍传内家功夫与手抄老谱	刘晚苍 刘光鼎 刘培俊 著
赵堡太极拳拳理拳法秘笈	王海洲 著
京东程式八卦掌	奎恩凤 著
功夫架——太极拳实用训练	朱利尧 著
道宗九宫八卦拳	杨树藩 著
三十七式太极拳劲意直指	张耀忠 张林 厉勇 著

拳道薪传丛书

三爷刘晚苍——刘晚苍武功传习录	刘源正 季培刚 编著
乐传太极与行功	乐匋 原著　钟海明 马若愚 编著
慰苍先生金仁霖太极传心录	金仁霖 著
中道皇皇——梅墨生太极拳理念与心法	梅墨生 著
杨振基传太极拳内功心法	胡贯涛 著
卢式心意拳传习录	余江 编著
习练太极拳之见闻与体悟	陈惠良 著
廉让堂太极拳传谱精解	李志红等 编著
武当叶氏太极拳	叶绍东 何基洪 蔡光复 著
功夫上手——传统内功太极拳拳学笔记	陈耀庭 著　霍用灵 整理